Brot

Für Eric, in Gedanken an das Brot, das wir miteinander geteilt haben.

Cathy Ytak

Brot

Herzhaft-knusprige Verführungen
120 Rezepte mit und ohne Brotbackautomat

Fotos: David Japy

AT Verlag

Vorwort

Sein eigenes Brot zu backen gehört zu den ältesten weltweit verbreiteten Tätigkeiten. Das Brot – unverzichtbarer Bestandteil unserer Kultur – nährt den Körper und regt die Fantasie an. Fügt man dem Teig nur etwas Butter, Zucker und Eier hinzu, verwandelt er sich in eine duftend-köstliche Brioche.

Für ein feines hausgemachtes Brot braucht man heute nicht mehr viel Zeit und Kraft in der Küche auf das Kneten des Teigs zu verwenden. Diese Arbeit nehmen uns die Brotbackautomaten ab, die sich schon seit einiger Zeit einen festen Platz in unseren Küchen erobert haben. Wer es also eilig hat oder es praktisch und zeitsparend haben möchte, muss nicht mehr selbst »Hand anlegen«. Es genügt, sämtliche Zutaten in den Backbehälter des Brotbackautomaten zu füllen und das entsprechende Backprogramm zu wählen. Schon einige Stunden später umschmeichelt der Duft warmen, frisch gebackenen Brotes unsere Nase. Dann baucht man nur noch das gebackene Brot aus der Maschine zu nehmen. Fertig!

Natürlich kommt es auch vor, dass man sich etwas mehr Zeit nehmen möchte, um sich an den klassischen Brotformen zu versuchen, einem knusprigen Baguette, einem schönen, runden Laib Landbrot oder einem hübschen Kranz. Auch dafür sind die Brotbackautomaten bestens geeignet. Denn sie verfügen alle über ein Programm, das lediglich das Kneten und das erste Gehenlassen des Teigs übernimmt. Danach nimmt man ganz einfach den Teig aus dem Backautomaten, gibt ihm die gewünschte Form, lässt ihn noch einmal auf klassische Weise gehen und schiebt ihn dann in den Ofen.

Mit beiden Methoden werden Sie gleichermaßen zufriedenstellende Resultate erzielen. Unser größter Wunsch wäre allerdings, dass Sie, nachdem Sie dieses Buch durchgeblättert und die Rezepte ausprobiert haben, selbst Lust bekommen, zu experimentieren und neue Varianten zu erfinden.

Caty Ytak

BACKEN MIT DEM BROTAUTOMATEN

Was Sie zum Brotbacken brauchen

Wahl des Brotautomaten

Grundsätzlich machen alle Brotbackautomaten die gleiche Arbeit: Kneten, Gehenlassen des Teigs und Backen.
Sie unterscheiden sich jedoch in ihrer Ausstattung und ihren Zusatzfunktionen.

Fassungsvermögen

Brotbackautomaten haben ein unterschiedliches Fassungsvermögen. Wählen Sie je nach Ihrem Bedarf einen Automaten mit mehr oder weniger Fassungsvermögen. Manche Geräte haben zwei Brotbehälter. Damit kann man zwei verschiedene kleine Brote gleichzeitig herstellen, nicht aber ein großes; auch für die Herstellung von Brioches sind sie weniger gut geeignet. Wenn Sie das Brot lieber im Ofen backen wollen, ist es besser, einen Automaten mit einem großen Brotbehälter (1 kg oder 1,2 kg) zu benutzen.

Zeitwahltaste

Die meisten Brotbackautomaten verfügen über eine Zeitwahltaste, mit der Sie den Automaten programmieren können. Aus Sicherheitsgründen sollten Sie diese Funktion nur mit erprobten Rezepten benutzen (um der Gefahr des Überlaufens vorzubeugen). Lassen Sie den Brotbackautomaten niemals unbeaufsichtigt.

Zusatzbehälter

Einige Brotbackautomaten haben einen Zusatzbehälter, in den Sie Rosinen, Körner oder andere Zutaten einfüllen können, die dann zum jeweils erforderlichen Zeitpunkt automatisch dem Teig zugefügt werden.
Wenn Ihr Backautomat keinen solchen Zusatzbehälter hat, wird durch einen Signalton angezeigt, wann Sie zusätzliche Zutaten zum Teig geben müssen.

Programme

Obwohl einige Backautomaten bis zu 10 oder 12 verschiedene Programme und zahlreiche Zusatzfunktionen haben, genügen im Grunde 5 Programme:

- Programm »Weißbrot« oder »Standard«
- Programm »Vollkornbrot«
- Kurzprogramm »Pizzateig«
- Programm »Kneten« oder »Teig«
- Programm »Schnellbacken«

Wenn Sie kein Programm »Süßes Brot« haben, können Sie für Brioches das Programm »Weißbrot« verwenden. Schalten Sie dann den Brotbackautomaten 15 Minuten vor dem vorgesehenen Ende der Backzeit aus.

Zusätzliches Material

Elektronische Waage

Mit einer grammgenauen elektronischen Waage können Sie die Brotbehälter auf die Waage stellen und die Zutaten direkt darin abmessen.
Aufgepasst: Bevor Sie ein Brot von 1 kg backen, überprüfen Sie, ob das in Ihrem Automaten möglich ist (manche fassen maximal 750 g).
Die meisten Brotbackautomaten werden mit praktischen Messlöffeln geliefert. Hier die Umrechnung der entsprechenden Mengen in Gramm:
1 TL Hefe oder Sauerteig = 3 g
1 TL Salz = 4 g
1 EL Mehl = 10 g
1 EL Zucker = 14 g

Spatel

Zum Einarbeiten des Mehls am Anfang des Knetprogramms.

Handschuh

Zum Herausnehmen des Brotbehälters aus dem Automaten nach dem Ende der Backzeit.

Schere

Zur Ausgestaltung mancher Brotformen.

Cutter

Zum Einschneiden des Brotes, damit es gleichmäßig aufgeht.

Pinsel

Zum Bestreichen von Brioches mit Eigelb vor dem Backen.

IKEA

Woraus macht man Brot?

Aus Mehl, Wasser, Hefe oder Sauerteig und Salz. Alle Zutaten sollten von bester Qualität sein.

Weizenmehl

Wenn im Rezept nicht genauer angegeben, handelt es sich immer um Weizenmehl oder Weichweizenmehl. Davon gibt es mehr oder weniger vollkörnige Varianten. Je höher die Typenzahl, desto höher ist der Ausmahlungsgrad, das heißt, desto mehr von Schale und Kleie ist im Mehl enthalten.

Auszugsmehl (Type 405)
Sehr gering ausgemahlen, wird für feine Backwaren verwendet.

Weißmehl, helles Brötchenmehl (Type 550)
Standardmehl, eignet sich sehr gut zum Brotbacken, gibt es auch in biologischer Qualität.
Etwas stärker ausgemahlen ist das dunkle Brötchenmehl oder Brotmehl (Type 812), auch Halbweißmehl genannt.

Ruchmehl, Graubrotmehl (Type 1050)
Etwas stärker ausgemahlenes Mehl, das ein gutes, kräftiges Brot ergibt.

Vollkornmehl
Beginnt bei der Mehltype 1700. Besonders in Bioläden findet man noch stärker ausgemahlenes Mehl. Dabei gilt: Je höher der Ausmahlungsgrad, desto vollkörniger. Je höher der Vollkornanteil im Brot ist, desto weniger leicht geht es auf.
Da Pestizide in besonders hoher Konzentration auf den Getreideschalen zu finden sind, ist es ratsam, bei der Verwendung von Vollkornmehl auf Bioprodukte zurückzugreifen, bei deren Produktion auf Pestizide und Düngemittel verzichtet wurde.

Die Typenbezeichnungen für Mehl
Angaben für Deutschland, Schweiz und Österreich:
Type 405 = Auszugsmehl, Kuchenmehl = Type W 480
Type 550 = helles Brötchenmehl, Weißmehl = Type W 700
Type 812 = Brotmehl, Halbweißmehl =Type W 900
Type 1050 = Graubrotmehl, Ruchmehl = Type W 1600
ab Type 1700 = Vollkornmehl = ab Type W 1800

Andere Mehle

Man kann die Mehlsorten in zwei große Gruppen einteilen.

Zum Brotbacken geeignete Mehle
Zum Brotbacken geeignete Mehle sind wie das Weizenmehl glutenhaltig. Gluten ist für das Aufgehen des Brots unverzichtbar. Es handelt sich dabei um Dinkel, Kamut und ähnliche Sorten.

Zum Brotbacken ungeeignete Mehle
Andere Mehle wie Roggen-, Mais-, Kichererbsen-, Buchweizen-, Hanf- oder Kastanienmehl sind nicht speziell zum Brotbacken geeignet; sie haben aber oft einen sehr guten Geschmack und können den zum Brotbacken geeigneten Mehlen beigefügt werden. Allerdings darf ihr Anteil am Gewicht des insgesamt verwendeten Mehls nicht höher als 50 Prozent sein. Sonst kann das Brot nicht mehr richtig aufgehen. Mehle mit einem ausgeprägten Eigengeschmack sollten 10 Prozent des Gesamtgewichts nicht überschreiten.
Einige dieser Mehle sind ebenfalls nach Typen eingeteilt.
Je höher die Typennummer ist, desto vollkörniger sind sie.

Wasser

Das beste Wasser zum Brotbacken ist möglichst reines Wasser oder Quellwasser. Stark chlorhaltiges Leitungswasser kann das Aufgehen des Brots beeinträchtigen; in diesem Fall sollte man eher gefiltertes Wasser benutzen oder Wasser, das in einem Gefäß einige Zeit abgedeckt gestanden ist.
Andere Flüssigkeiten können Wasser ersetzen: Milch bringt Geschmeidigkeit, Frucht- oder Gemüsesäfte liefern Geschmack und Farbe.

Salz

Es gibt Geschmack und hindert das Brot daran, allzu sehr aufzugehen (um dann beim Backen unwiderruflich in sich zusammenzusinken). Ideal ist feines Meersalz. Grobes Salz sollte man niemals im Brotbackautomaten verwenden, da es den Brotbehälter zerkratzen könnte. Außerdem sollte das Salz niemals direkt mit der Hefe in Kontakt kommen.

Hefe, Sauerteig

- Hefe bekommt man frisch beim Bäcker oder im Supermarkt oder als Trockenhefe in der Tüte. Am besten nimmt man Instanthefe. Man kann sie direkt in die Brotbehälter geben, ohne sie zuerst in warmer Flüssigkeit reaktivieren zu müssen.
- Sauerteig ist ein Gemisch aus mit Wasser vergorenem Mehl. Man bekommt ihn heute als sehr einfach verwendbaren Trockensauerteig in der Tüte oder Dose im Reformhaus oder Bioladen, zum Teil auch in gut sortierten Supermärkten.

Es ist nicht so, dass das Brot umso mehr aufgeht, je mehr Hefe (oder Sauerteig) man dazugibt. Zu viel Hefe lässt das Brot maximal aufgehen, es fällt beim Backen dann jedoch unwiderruflich in sich zusammen. Wenn Ihr Brot nach dem Backen unter der Kruste Löcher hat, liegt dies wahrscheinlich daran, dass Sie zu viel Hefe benutzt haben.

Die Entsprechungen von Sauerteig, Trockenhefe und frischer Hefe
In diesem Buch wurde für die Brotrezepte Trockensauerteig verwendet, für die Brioche-Rezepte Instanthefe.
Falls Sie für Ihre Brote Instanthefe oder frische Hefe verwenden möchten, halten Sie sich an folgende Umrechnungstabelle:
2 TL Trockensauerteig = ½ TL Instanthefe = 17 g frische Hefe
2½ TL Trockensauerteig = 1 TL Instanthefe = 22 g frische Hefe
3½ TL Trockensauerteig = 1½ TL Instanthefe = 30 g frische Hefe

Alles eine Frage der spezifischen Flüssigkeitsmenge

Im Brotbackautomaten Brot zu backen ist keine Hexerei. Es genügt, die Zutaten – genau abgewogen – in der Reihenfolge, wie sie in der Bedienungsanleitung Ihres Brotbackautomaten beschrieben ist, in den Brotbehälter zu geben. Eine Regel ist allerdings zu beachten: Die Hefe darf nicht mit dem Salz in Berührung kommen. Dafür reicht es, wenn Zucker, Salz und Hefe in verschiedene Ecken des Brotbehälters gegeben werden (1).

Die Flüssigkeitsmenge: Der Schlüssel zum Erfolg

Wenn Sie nicht sofort befriedigende Ergebnisse erzielen, geben Sie nicht auf! Der Erfolg des Brotbackens hängt zum großen Teil vom richtigen Verhältnis von Wasser und Mehl ab. Wird zu viel Wasser verwendet, fällt das Brot beim Backen zusammen. Bei zu wenig Wasser wird das Brot zu fest oder sogar hart. Das richtige Verhältnis von Wasser und Mehl ist je nach Mehlsorte und Brotbackautomat verschieden. Für einige Vollkornmehle benötigt man beispielsweise mehr Wasser. Äußere Faktoren, wie feuchtes, trockenes oder kaltes Wetter, Luftdruck usw. spielen ebenfalls eine Rolle. Die Veränderungen, die diese Faktoren bewirken, sind meist nur gering, aber sie beeinflussen die Brotqualität.

Wie findet man die richtige Flüssigkeitsmenge (Fm)?

Sie finden in diesem Buch für jedes Rezept drei verschiedene Flüssigkeitsmengen: Fm 1, Fm 2, Fm 3. Um herauszufinden, welche Flüssigkeitsmenge für Ihren Automaten die richtige ist, probieren Sie ein Rezept mit einer mittleren Flüssigkeitsmenge aus (die in der Zutatenliste angegebene Menge bzw. Fm 1). Wenn Sie mit dieser Flüssigkeitsmenge kein zufriedenstellendes Ergebnis erzielen, probieren Sie weiter, bis Sie die für Sie richtige Menge finden, und behalten Sie diese dann für die anderen Rezepte bei.

Wie wird die richtige Flüssigkeitsmenge festgestellt?

Ob Sie die richtige Flüssigkeitsmenge verwendet haben, lässt sich feststellen, indem Sie während des Knetvorgangs kurz den Deckel des Automaten öffnen oder durch das Sichtfenster schauen: Nach 10 Minuten Kneten muss der Teig schon gut geformt sein (2).

Klebt der Teig hingegen an den Wänden der Brotbehälters oder ist sehr weich, dann enthält er zu viel Wasser (3). In diesem Fall müssen Sie Mehl in kleinen Mengen (10 g) hinzufügen und jeweils etwas abwarten, bevor Sie noch mehr hinzufügen.
Ist der Teig nicht gleichmäßig, reißt er leicht und bildet er keine schöne, glatte Kugel, dann braucht er noch zusätzlich Wasser (4) (schrittweise jeweils 10 ml hinzufügen).

Vorteig

Dies ist eine einfache Technik, mit deren Hilfe Brot und Brioches ihren Geschmack besser entfalten. Die Brotkrume wird elastischer, das Brot lässt sich besser aufbewahren. Die Zubereitung erfolgt in zwei Schritten. Am Vorabend werden in einer Schüssel Mehl, leicht angewärmtes Wasser oder Milch, Hefe oder Sauerteig vermischt. Diese Mischung muss dann die ganze Nacht, mit einem Tuch vor Zugluft geschützt, ruhen.
Am nächsten Morgen hat sich das Volumen vergrößert, und der Teig wirft Blasen. Dieser Vorteig (Poolish) kommt nun in den Brotbackautomaten und wird nach Rezept weiterverarbeitet.

1

2

3

4

Brot von A bis Z im Brotbackautomaten hergestellt

Die Zutaten müssen in einer ganz bestimmten Reihenfolge in den Brotbehälter gefüllt werden, wobei die Reihenfolge vom jeweiligen Modell abhängt. In die meisten Brotbackautomaten werden zuerst die flüssigen und dann die übrigen Zutaten eingefüllt. Auf diese Weise kann der Knetvorgang langsam beginnen, ohne dass Mehl über den Rand des Behälters gelangt. Es gibt auch Automaten, bei denen zuerst Hefe und Mehl in den Behälter gegeben werden, dann das Salz und zuletzt die flüssigen Zutaten.

Bevor Sie die Zutaten einfüllen, überprüfen Sie, ob der Knethaken vorhanden und gut eingerastet ist.

Zum Abwiegen der Zutaten verwenden Sie am besten eine grammgenaue Waage. So können Sie den Brotbehälter direkt auf die Waage stellen und die Zutaten darin abwiegen. Flüssige Zutaten einfüllen (2).

Mehl zugeben (3).

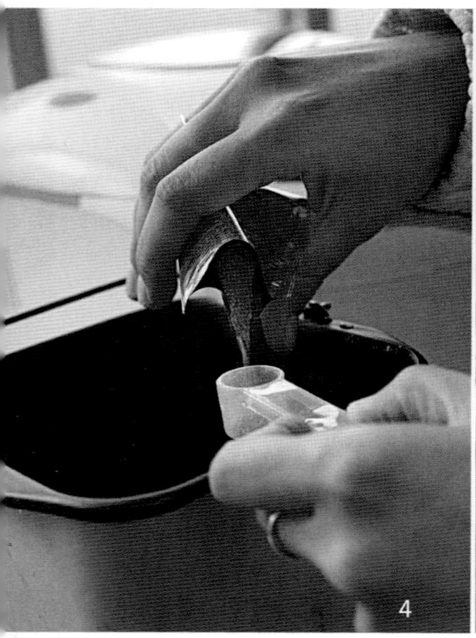

Dann die Hefe hinzufügen (4).

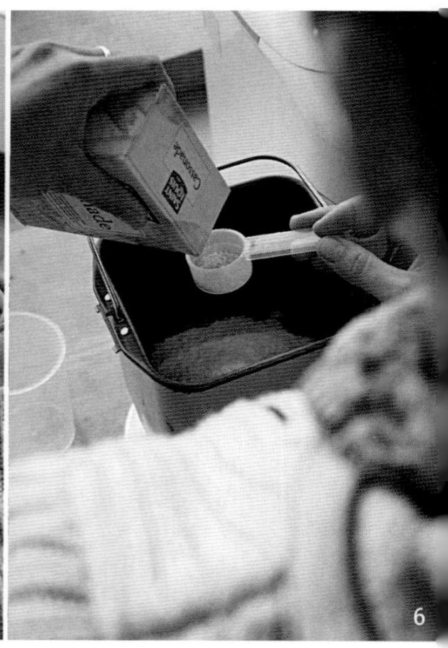

Erst Salz (5), dann Zucker einstreuen (6).

Achten Sie darauf, dass Sie jede Zutat in eine andere Ecke des Behälters einfüllen (siehe Seite 13).

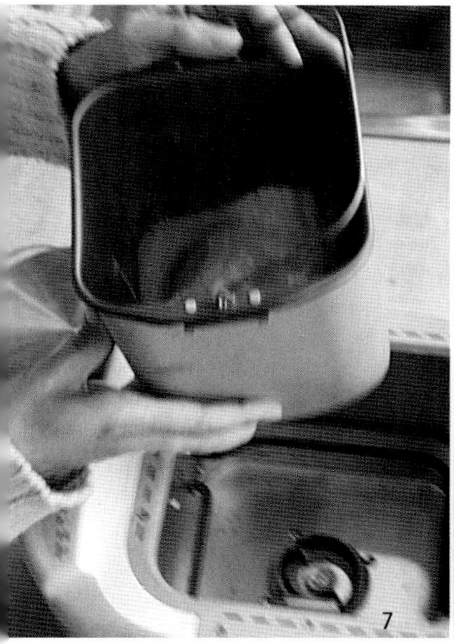
7

8

9

Stellen Sie den Behälter in den Backautomaten (7).

Schließen Sie den Deckel des Backautomaten und wählen Sie das Backprogramm (8). Nehmen Sie den Behälter nach dem Ende des Backprogramms mit einem Handschuh aus dem Automaten, und nehmen Sie das Brot aus dem Behälter.

Es ist ganz normal, dass der Abdruck des Knethakens im gebackenen Brot zu sehen ist. Es kann sogar vorkommen, dass der Knethaken im Brot stecken bleibt. In diesem Fall muss man den Knethaken mit einer Zange oder einem kleinem Haken herausziehen, solange das Brot noch heiß ist.

Einige Tipps zum Brotbacken:

- Alle Zutaten sollten die gleiche Temperatur haben. Wärmen Sie also die flüssigen Zutaten (vor allem, wenn sie aus dem Kühlschrank kommen) kurz eventuell in der Mikrowelle vor.
- Da der Brotbehälter eine Antihaft-Beschichtung hat, muss er vorsichtig gereinigt werden. Etwas Wasser und ein leichtes Abreiben mit einem Schwamm genügen. Wenn Sie es sehr eilig haben, reicht es auch völlig aus, wenn Sie den Behälter nur mit einem Tuch auswischen. Reinigungsmittel sollten Sie möglichst wenig verwenden und auf jeden Fall sehr gut nachspülen.
- Auf einer elektronischen Waage entsprechen 100 ml Wasser dem Gewicht von 100 g.
- Während des Knetvorgangs können Sie die Wand des Brotbehälters mit einem weichen Plastikspatel abstreifen, damit das ganze Mehl gut in den Teig eingearbeitet wird.

Brot und Brioche im Ofen gebacken

Sie können im Brotbackautomaten auch nur den Teig kneten und gehen lassen und ihn anschließend selbst formen. Dann lassen Sie ihn ein zweites Mal außerhalb des Automaten gehen und backen ihn anschließend im Backofen. Alle Brotbackautomaten haben das Programm »Kneten« oder »Teig«, das zwischen 1 Stunde und 2 Stunden 20 Minuten dauert. Durch das »Bedampfen« (siehe Seite 17 unten, Bild 3) erhält das Brot eine schöne, goldbraune Kruste. In Backöfen mit Profibackfunktion geschieht das Bedampfen automatisch.

Arbeitsfläche vorbereiten

Wenn Sie den Teig nach dem Kneten aus dem Brotbackautomaten nehmen, ist er noch etwas weich (1).

Bemehlen Sie gut Ihre Hände und die Arbeitsfläche (2).

Legen Sie den Teig vorsichtig auf die Arbeitsfläche (3).

Formen eines langen Brotes

Zum Formen eines langen Brots wird der Teig zuerst zu einem Rechteck gerollt. Schlagen Sie nun den Teig der Länge nach zur Hälfte zusammen

Drücken Sie die Teigränder mit den Fingern fest (2).

Rollen Sie den Teig nun ein wenig hin und her, damit eine gleichmäßige Rolle entsteht (3).

Formen eines runden Brotes

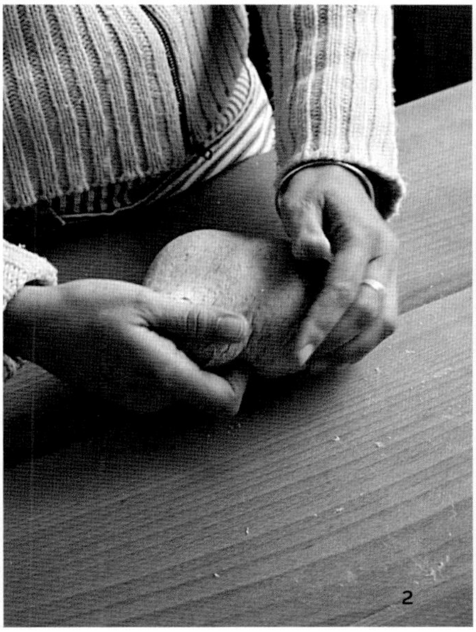

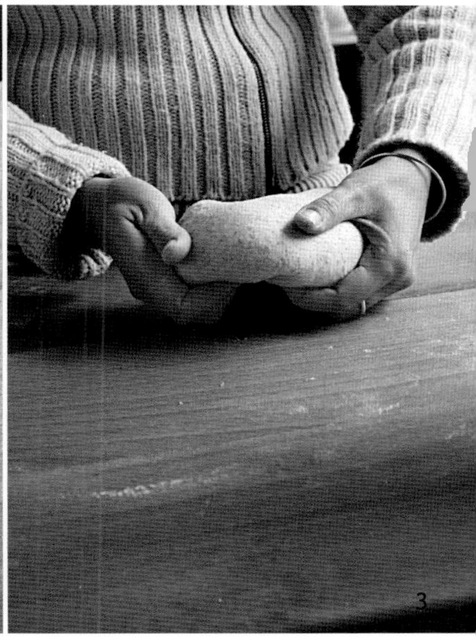

Um ein rundes Brot herzustellen, rollen Sie den Teig zunächst oval aus (1).

Schlagen Sie nun den Teig rundherum nach unten ein (2).

Formen Sie den Teig zu einer schönen Kugel (3).

Gehen lassen und Einschneiden

Der Teig muss, unabhängig von seiner Form, ein zweites Mal gehen. Dazu legt man ihn auf ein Blech und bedeckt ihn mit einem Tuch (1), um ihn vor Zugluft zu schützen. Das zweite Gehen dauert zwischen 30 und 60 Minuten.

Bevor das Brot in den Ofen kommt, schneidet man es mit einem Cutter ein. Die Einschnitte werden der Länge nach in einem Winkel von etwa 30 Grad gemacht (2). Die Einschnitte erlauben dem Brot, gut aufzugehen.

Kurz vor dem Einschieben in den Ofen schütten Sie etwas kochendes Wasser in die Fettpfanne des Ofens und schließen dann schnell die Backofentür, damit der Dampf im Ofen bleibt.

Besondere Brotformen

Manche Brotformen, etwa Ährenbrot, Fougasse (Focaccia), Brezeln und Zopf, erfordern eine spezielle Technik.

Ährenbrot

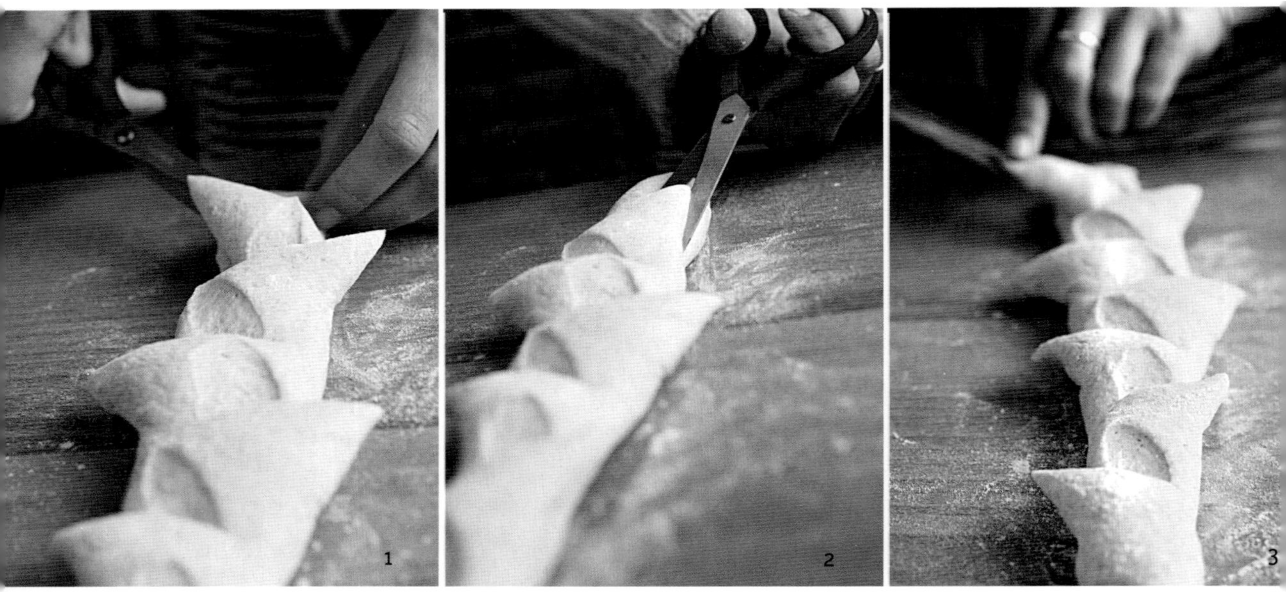

Um die Ähren zu bilden, schneiden Sie den Teig mit der Schere oben (nicht an der Seite) ein, ohne dabei bis an den Rand zu schneiden (1).

Führen Sie dabei den Teig mit geschlossener Schere abwechselnd rechts (2) und links (3) nach aussen.

Focaccia

Den Teig ausrollen und einschneiden (1).

Die eingeschnittenen Stellen etwas auseinanderziehen, damit die Einschnitte größer werden (2 und 3).

Brezeln

Teilen Sie den Teig in kleine Stücke und rollen Sie diese zu Würsten. Legen Sie die Teigwurst zum Kreis und überkreuzen Sie beide Teigenden (1).

Schlingen Sie die Teigenden umeinander (2).

Legen Sie die Teigenden auf den Teigkreis (3).

Zopf

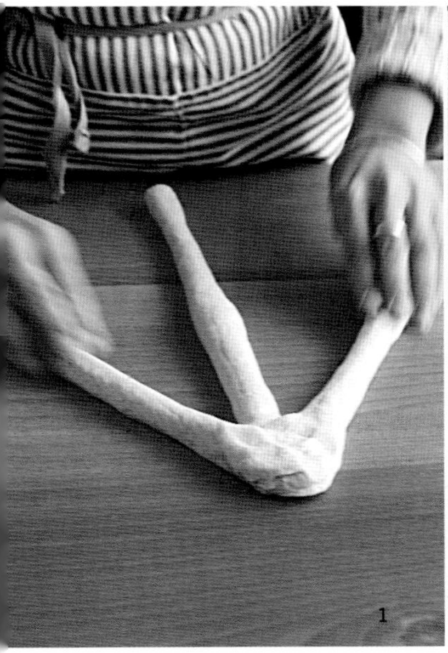

Teilen Sie den Teig in 3 gleich große Stücke. Jedes Stück zu einer Rolle formen. Legen Sie die 3 Teigstränge an einem Ende übereinander und drücken Sie sie etwas zusammen (1).

Flechten Sie nun die 3 Stränge sehr locker, damit der Teig gut aufgehen kann (2 und 3). Die Teigenden wiederum übereinanderlegen, etwas festdrücken und einschlagen.

Brot aufbewahren

Im Brotautomaten

• Im Backautomaten kann das Brot bis zu 1 Stunde nach Ende des Backvorgangs warm gehalten werden. Besser ist es jedoch, das Brot gleich, wenn es fertig ist, herauszunehmen, damit es nicht weich wird.
• Schneiden Sie das Brot niemals sofort nach dem Herausnehmen auf. Die Brotkrume bleibt dann noch am Messer kleben. Lassen Sie es zunächst auf einem Gitter auskühlen.
• Damit das Brot bekömmlich ist, sollte man vor dem Verzehr einige Stunden warten.

Nach dem Abkühlen

• Brot lässt sich sehr gut in eine Stoffserviette oder ein Geschirrtuch (am besten aus Leinen oder Baumwolle) eingeschlagen aufbewahren. Der Stoff lässt Feuchtigkeit durch und verhindert, dass das Brot zu sehr austrocknet. Das Tuch sollte dafür allerdings nur mit klarem Wasser ohne Seifenzusatz gewaschen werden, damit das Brot nicht nach Waschmittel schmeckt!
• Aufgeschnittenes Brot lässt sich gut einfrieren, solange es frisch ist. Es muss dann nicht extra aufgetaut werden. Stecken Sie die Scheiben einfach in den Toaster. So haben Sie jeden Morgen Brot oder Brioche wie frisch aus dem Ofen!
• Brioches und Brote, die einen großen Anteil Eier enthalten, sind weniger gut haltbar und sollten daher schneller verzehrt werden.
• Werfen Sie altbackenes Brot nicht weg, sondern zerkleinern Sie es im Mixer oder Cutter. So haben Sie frische Semmelbrösel, die Sie luftdicht verpackt aufbewahren können.

Einige Tipps

Zutaten

• Brot wird heute immer stärker gesalzen. Versuchen Sie, den Salzanteil in Ihrem Brot Schritt für Schritt zu reduzieren, ohne es allerdings ganz wegzulassen. Salz ist entscheidend am Reifen des Teigs beteiligt (es verhindert, dass er übermäßig aufgeht).
• Fett und Zucker sind als Zutaten kein Muss, sie verleihen Ihrem Brot aber eine schöne goldbraune Kruste. Butter können Sie zum Beispiel durch Olivenöl ersetzen. Sie können Fett und Zucker in den Rezepten aber auch ganz weglassen.

Gewicht

• Ein durchschnittliches Ei wiegt 60 g. Wenn Ihre Eier größer oder kleiner sind, müssen Sie in den Rezepten die Flüssigkeitsmengen entsprechend anpassen.

Hefe

• Frische Hefe finden Sie in Würfeln von 42 g im Kühlregal des Supermarkts oder beim Bäcker. Sie hält sich einige Wochen im Kühlschrank und lässt sich auch einfrieren (eingefrorene Hefe müssen Sie vor der Verwendung mindestens 1 Stunde auftauen lassen).
• Es kann sein, dass Hefe einen besonderen Eigengeschmack hat. Probieren Sie verschiedene Sorten aus, um herauszufinden, welche Ihnen passt! Der typische Hefegeschmack lässt sich mit 1 Teelöffel Zitronensaft neutralisieren.

Gehen lassen

• Bei Broten, die im Ofen gebacken werden, kann die zweite Gehzeit variieren. Dies hängt von der Raumtemperatur ab. Im Winter braucht der Teig länger, um aufzugehen, im Sommer kürzer. Aber auch andere klimatische Bedingungen spielen eine Rolle (trockenes oder feuchtes Wetter, Gewitter). Achten Sie unbedingt darauf, dass der Teig während dem Aufgehen keine Zugluft bekommt.
• Um festzustellen, ob Sie das Brot schon in den Ofen schieben können, drücken Sie leicht mit einem Finger in den Teig. Wenn die Druckstelle sofort verschwindet, sollten Sie noch etwas warten. Wenn die Druckstelle langsam zurückgeht, können Sie das Brot in den Ofen schieben. Sollte die Druckstelle gar nicht mehr verschwinden, beeilen Sie sich, denn der Teig ist dann eigentlich schon zu lange gegangen!

GRUNDREZEPTE

Weißbrot

Programm »Weißbrot« oder »Standard«

FÜR 600 GRAMM BROT

210 ml Wasser
350 g Weißmehl (Type 550)
2 TL Trockensauerteig
1 TL Salz
1 TL Zucker
1 TL Olivenöl oder Butter
1 TL Zitronensaft
Fm 1 = 210 ml · Fm 2 = 220 ml · Fm 3 = 230 ml

FÜR 750 GRAMM BROT

270 ml Wasser
450 g Weißmehl (Type 550)
2½ TL Trockensauerteig
1½ TL Salz
1 TL Zucker
1 TL Olivenöl oder Butter
1 TL Zitronensaft
Fm 1 = 270 ml · Fm 2 = 285 ml · Fm 3 = 300 ml

FÜR 1 KILO BROT

360 ml Wasser
600 g Weißmehl (Type 550)
3½ TL Trockensauerteig
2 TL Salz
2 TL Zucker
1½ TL Olivenöl oder Butter
1 TL Zitronensaft
Fm 1 = 360 ml · Fm 2 = 380 ml · Fm 3 = 400 ml

VARIANTE

Damit das Brot noch schöner goldbraun wird, können Sie einen Teil des Wassers durch Milch ersetzen: Je mehr Milch Sie verwenden, desto weicher wird das Brot. Sie können auch Milchpulver verwenden. Dann sollten Sie jedoch die Wassermenge nicht verringern.

Halbweißbrot

Programm »Weißbrot« oder »Standard«

FÜR 600 GRAMM BROT

210 ml Wasser
350 g Brotmehl oder Halbweißmehl (Type 812)
2 TL Trockensauerteig
1 TL Salz
1 TL Zucker
1 TL Olivenöl oder Butter
1 TL Zitronensaft
Fm 1 = 210 ml · Fm 2 = 220 ml · Fm 3 = 230 ml

FÜR 750 GRAMM BROT

270 ml Wasser
450 g Brotmehl oder Halbweißmehl (Type 812)
2½ TL Trockensauerteig
1½ TL Salz
1 TL Zucker
1 TL Olivenöl oder Butter
1 TL Zitronensaft
Fm 1 = 270 ml · Fm 2 = 285 ml · Fm 3 = 300 ml

FÜR 1 KILO BROT

360 ml Wasser
600 g Brotmehl oder Halbweißmehl (Type 812)
3½ TL Trockensauerteig
2 TL Salz
2 TL Zucker
1½ TL Olivenöl oder Butter
1 TL Zitronensaft
Fm 1 = 360 ml · Fm 2 = 380 ml · Fm 3 = 400 ml

TIPP

Fett, Zitronensaft und Zucker sind nicht unbedingt erforderlich und können in allen Rezepten auch ganz weggelassen werden, aber sie geben dem Brot eine schöne goldbraune Kruste.

Helles Vollkornbrot

Programm »Vollkornbrot«

FÜR 600 GRAMM BROT

210 ml Wasser
240 g Weißmehl (Type 550)
110 g Graubrotmehl oder Ruchmehl (Type 1050)
2 TL Trockensauerteig
1 TL Salz
1 TL Zucker
1 EL Olivenöl oder Butter
1 TL Zitronensaft
Fm 1 = 210 ml · Fm 2 = 220 ml · Fm 3 = 230 ml

FÜR 750 GRAMM BROT

270 ml Wasser
300 g Weißmehl (Type 550)
150 g Graubrotmehl oder Ruchmehl (Type 1050)
2½ TL Trockensauerteig
1½ TL Salz
1 TL Zucker
1 EL Olivenöl oder Butter
1 TL Zitronensaft
Fm 1 = 270 ml · Fm 2 = 285 ml · Fm 3 = 300 ml

FÜR 1 KILO BROT

360 ml Wasser
400 g Weißmehl (Type 550)
200 g Graubrotmehl oder Ruchmehl (Type 1050)
3½ TL Trockensauerteig
2 TL Salz
2 TL Zucker
1½ EL Olivenöl oder Butter
1 TL Zitronensaft
Fm 1 = 360 ml · Fm 2 = 380 ml · Fm 3 = 400 ml

Vorhergehende Doppelseite: Halbweißbrot, Weißbrot; rechte Seite: helles Vollkornbrot

Brot für Eilige

Schnellbackprogramm

FÜR 600 GRAMM BROT

210 ml Wasser
350 g Weißmehl (Type 550)
2 TL Trockensauerteig
1 kleiner TL Salz
1 TL Zucker
1 TL Gluten (fakultativ, siehe Tipp)
1 TL Lezithin (fakultativ, siehe Tipp)
1 EL Olivenöl oder Butter
1 TL Zitronensaft
Fm 1 = 210 ml · Fm 2 = 220 ml · Fm 3 = 230 ml

FÜR 750 GRAMM BROT

270 ml Wasser
450 g Weißmehl (Type 550)
2½ TL Trockensauerteig
1½ TL Salz
1 TL Zucker
1 TL Gluten (fakultativ, siehe Tipp)
1 TL Lezithin (fakultativ, siehe Tipp)
1 EL Olivenöl oder Butter
1 TL Zitronensaft
Fm 1 = 270 ml · Fm 2 = 285 ml · Fm 3 = 300 ml

FÜR 1 KILO BROT

360 ml Wasser
600 g Weißmehl (Type 550)
3½ TL Trockensauerteig
2 TL Salz
2 TL Zucker
2 TL Gluten (fakultativ, siehe Tipp)
2 TL Lezithin (fakultativ, siehe Tipp)
1½ EL Olivenöl oder Butter
1 TL Zitronensaft
Fm 1 = 360 ml · Fm 2 = 380 ml · Fm 3 = 400 ml

TIPP

Damit das Brot besser aufgeht, kann man dem Teig Sojalezithin und Gluten zusetzen (in Reformhäusern oder im Bäckereifachhandel erhältlich). Gluten vorsichtig dosieren, da manche Menschen auf Gluten allergisch reagieren.

Weißbrot mit Vorteig

Programm »Weißbrot« oder »Standard«

FÜR 600 GRAMM BROT

Bereiten Sie am Vortag den Vorteig zu: 100 g Weißmehl (Type 550) mit 100 ml Wasser und ¼ TL Trockensauerteig mischen.
Den Vorteig am nächsten Tag in den Brotbackautomaten geben und folgende Zutaten hinzufügen:
100 ml Wasser
250 g Weißmehl (Type 550)
1 TL Trockensauerteig
1 TL Salz
1 TL Zitronensaft
Fm 1 = 150 ml + 120 ml · Fm 2 = 150 ml + 135 ml · Fm 3 = 150 ml + 150 ml

FÜR 750 GRAMM BROT

Bereiten Sie am Vortag den Vorteig zu: 150 g Weißmehl (Type 550) mit 150 ml Wasser und ½ TL Trockensauerteig mischen.
Den Vorteig am nächsten Tag in den Brotbackautomaten geben und folgende Zutaten hinzufügen:
120 ml Wasser
300 g Weißmehl (Type 550)
1½ TL Trockensauerteig
1½ TL Salz
1 TL Zitronensaft
Fm 1 = 150 ml + 120 ml · Fm 2 = 150 ml + 135 ml · Fm 3 = 150 ml + 150 ml

FÜR 1 KILO BROT

Bereiten Sie am Vortag den Vorteig zu: 150 g Weißmehl (Type 550) mit 150 ml Wasser und ½ TL Trockensauerteig mischen.
Den Vorteig am nächsten Tag in den Brotbackautomaten geben und folgende Zutaten hinzufügen:
210 ml Wasser
450 g Weißmehl (Type 550)
2 TL Trockensauerteig
2 TL Salz
1 TL Zitronensaft
Fm 1 = 150 ml + 210 ml · Fm 2 = 150 ml + 230 ml · Fm 3 = 150 ml +250 ml

TIPP

Sie können bei allen Rezepten in diesem Buch, auch wenn sie nicht ausdrücklich mit Vorteig rezeptiert sind, von den angegebenen Zutaten jeweils 150 ml Wasser und 150 g Mehl (oder 100 ml und 100 g für ein kleines Brot) zur Zubereitung eines Vorteigs verwenden und dadurch die Menge an Sauerteig oder Hefe reduzieren.

Vollkornbrot

Programm »Vollkornbrot«

FÜR 600 GRAMM BROT

210 ml Wasser
240 g Graubrotmehl oder Ruchmehl (Type 1050)
110 g Vollkornmehl
2 TL Trockensauerteig
1 TL Salz
1 TL Zucker
1 EL Olivenöl oder Butter
1 TL Zitronensaft
Fm 1 = 210 ml · Fm 2 = 220 ml · Fm 3 = 230 ml

FÜR 750 GRAMM BROT

270 ml Wasser
300 g Graubrotmehl oder Ruchmehl (Type 1050)
150 g Vollkornmehl
2½ TL Trockensauerteig
1½ TL Salz
1 TL Zucker
1 EL Olivenöl oder Butter
1 TL Zitronensaft
Fm 1 = 270 ml · Fm 2 = 285 ml · Fm 3 = 300 ml

FÜR 1 KILO BROT

360 ml Wasser
400 g Graubrotmehl oder Ruchmehl (Type 1050)
200 g Vollkornmehl
3½ TL Trockensauerteig
2 TL Salz
2 TL Zucker
1½ EL Olivenöl oder Butter
1 TL Zitronensaft
Fm 1 = 360 ml · Fm 2 = 380 ml · Fm 3 = 400 ml

TIPP

Sie haben das Programm »Vollkornbrot«eingestellt, und nichts bewegt sich? Keine Panik, die meisten Programme für Vollkornbrot beginnen mit einer Ruhephase, damit das Mehl langsam die Feuchtigkeit aufnehmen kann.

Vorhergehende Doppelseite: Brot für Eilige, Vollkornbrot; rechte Seite: Weißbrot mit Vorteig

Ährenbrot

Programm »Kneten«, »Teig« oder »Pizzateig«

FÜR 4 BROTE

Am Vortag oder morgens für den folgenden Abend einen Vorteig aus folgenden Zutaten vorbereiten:
150 g Weißmehl mit 150 ml Wasser und ½ TL Trockensauerteig oder 1 Prise Instanthefe mischen.

Am nächsten Morgen oder am Abend desselben Tages den Vorteig in den Brotbackautomaten geben und folgende Zutaten hinzufügen:
210 ml Wasser
225 g Weißmehl (Type 505)
225 g Dinkelmehl
2 TL Trockensauerteig oder 1 TL Instanthefe
2 TL Salz
1 TL Zitronensaft

ZUBEREITUNG

Den Teig am Ende des Knetvorgangs aus dem Brotbehälter nehmen und in 4 Portionen teilen.
Jede Teigportion zunächst zu einem Rechteck ausrollen. Dieses der Länge nach zusammenschlagen und die Teigränder mit den Fingern festdrücken. Diesen Arbeitsschritt zweimal wiederholen. Die Teigstränge einige Male hin und her rollen, damit schön gleichmäßige Rollen entstehen; die »Naht« sollte dabei unten sein. Die Teigrollen an einem vor Zugluft geschützten Ort auf einem Blech etwa 30 Minuten gehen lassen.
Formen Sie dann die Ähren, wie auf Seite 18 beschrieben.
Die Brote in den auf 220 Grad vorgeheizten Ofen schieben und unter Bedampfen (siehe Seite 17) etwa 20 Minuten backen. Sobald die Brote schön goldbraun gebacken sind, aus dem Ofen nehmen.

Baguette

Programm »Kneten«, «Teig« oder »Pizzateig«

FÜR 4 BAGUETTES

360 ml Wasser
420 g Weißmehl (Type 550)
90 g Vollkornmehl
90 g Dinkelmehl
3½ TL Trockensauerteig
2 TL Salz
2 TL Zucker
1½ EL Olivenöl oder Butter
1 TL Zitronensaft
Fm 1 = 360 ml · Fm 2 = 380 ml · Fm 3 = 400 ml

ZUBEREITUNG

Den Teig am Ende des Knetvorgangs aus dem Brotbehälter nehmen und in 4 Portionen teilen.
Zum Formen der Baguettes jede Teigportion zunächst zu einem Rechteck ausrollen, diese der Länge nach zusammenschlagen und die Ränder mit den Fingern gut festdrücken; diesen Vorgang zweimal wiederholen. Die Teigstränge einige Male hin und her rollen, damit schön gleichmäßige Rollen entstehen; die »Naht« sollte dabei unten sein. Auf einem Blech etwa 30 Minuten gehen lassen.
Dann die Oberseite vier- oder fünfmal einschneiden. Die Baguettes in den auf 220 Grad vorgeheizten Ofen schieben und unter Bedampfen (siehe Seite 17) etwa 20 Minuten backen. Sobald die Baguettes goldbraun sind, aus dem Ofen nehmen.

Pariser Brot

Programm »Kneten«, «Teig«
oder »Pizzateig«

FÜR 2 BROTE

150 g Brotteig vom Vortag
200 ml Wasser
340 g Weißmehl (Type 550)
40 g Roggenmehl
1 TL Trockensauerteig
1½ TL Salz
1 TL Zitronensaft

Fm 1 = 200 ml · Fm 2 = 210 ml · Fm 3 = 220 ml

ZUBEREITUNG

Den am Vortag zubereiteten Brotteig über Nacht in einer mit Mehl ausgestreuten Schüssel im Kühlschrank ruhen lassen. 1 Stunde vor Verwendung herausnehmen.

Alle Zutaten in die Brotmaschine geben. Falls der Teig am Rand des Brotbehälters festklebt, mit einem weichen Teigspatel abstreifen. Am Ende des Knetvorgangs den Teig herausnehmen, in zwei Portionen teilen und diese wie Baguettes formen (siehe Seite 34). Die geformten Brote geschützt vor Zugluft 15 bis 30 Minuten gehen lassen.

Die Brote auf ein Blech geben und einschneiden. Die Brote in den auf 220 Grad vorgeheizten Ofen schieben und unter Bedampfen (siehe Seite 17) etwa 30 Minuten backen. Die gut gebackenen Brote aus dem Ofen nehmen und auf einem Gitter abkühlen lassen.

BAUERNBROTE

Mehrkornbrot

Programm »Vollkornbrot«

FÜR 600 GRAMM BROT

220 ml Wasser
180 g Weißmehl (Type 550)
170 g Mehrkornmehl
10 g Butter
2 TL Trockensauerteig
1 kleiner TL Salz
1 TL Zucker
1 EL Olivenöl oder Butter
1 TL Zitronensaft
Fm 1 = 220 ml · Fm 2 = 230 ml · Fm 3 = 240 ml

FÜR 750 GRAMM BROT

280 ml Wasser
260 g Weißmehl (Type 550)
190 g Mehrkornmehl
10 g Butter
2 TL Trockensauerteig
1½ TL Salz
1 TL Zucker
1 EL Olivenöl oder Butter
1 TL Zitronensaft
Fm 1 = 280 ml · Fm 2 = 300 ml · Fm 3 = 315 ml

FÜR 1 KILO BROT

380 ml Wasser
350 g Weißmehl (Type 550)
250 g Mehrkornmehl
15 g Butter
3½ TL Trockensauerteig
2 TL Salz
2 TL Zucker
1½ EL Olivenöl oder Butter
1 TL Zitronensaft
Fm 1 = 380 ml · Fm 2 = 400 ml · Fm 3 = 420 ml

TIPP

Manche Mehrkornmehle brauchen mehr Wasser. Überprüfen Sie die Konsistenz des Teigs, und fügen Sie wenn nötig noch Wasser hinzu.

Landbrot

Schnellprogramm »Vollkornbrot«

FÜR 600 GRAMM BROT

210 ml Wasser
350 g Mehl für »Landbrot«
1 TL Instanthefe
Fm 1 = 210 ml · Fm 2 = 220 ml · Fm 3 = 235 ml

FÜR 750 GRAMM BROT

270 ml Wasser
450 g Mehl für »Landbrot«
1½ TL Instanthefe
Fm 1 = 270 ml · Fm 2 = 285 ml · Fm 3 = 300 ml

FÜR 1 KILO BROT

360 ml Wasser
600 g Mehl für »Landbrot«
2 TL Instanthefe
Fm 1 = 360 ml · Fm 2 = 380 ml · Fm 3 = 400 ml

Brot wie einst

Programm »Vollkornbrot« oder Schnellprogramm »Vollkornbrot«

FÜR 600 GRAMM BROT

210 ml Wasser
250 g Graubrotmehl oder Ruchmehl (Type 1050)
50 g Roggenmehl
50 g Maismehl
2 TL Trockensauerteig
1 TL Salz
1 TL Zucker
1 EL Olivenöl oder Butter
1 TL Zitronensaft
Fm 1 = 210 ml · Fm 2 = 220 ml · Fm 3 = 230 ml

FÜR 750 GRAMM BROT

270 ml Wasser
310 g Graubrotmehl oder Ruchmehl (Type 1050)
70 g Roggenmehl
70 g Maismehl
2½ TL Trockensauerteig
1½ TL Salz
1 TL Zucker
1 EL Olivenöl oder Butter
1 TL Zitronensaft
Fm 1 = 270 ml · Fm 2 = 285 ml · Fm 3 = 300 ml

FÜR 1 KILO BROT

360 ml Wasser
420 g Graubrotmehl oder Ruchmehl (Type 1050)
90 g Roggenmehl
90 g Maismehl
3½ TL Trockensauerteig
2 TL Salz
2 TL Zucker
1½ EL Olivenöl oder Butter
1 TL Zitronensaft
Fm 1 = 360 ml · Fm 2 = 380 ml · Fm 3 = 400 ml

Vorhergehende Doppelseite: Brot wie einst, Landbrot; rechte Seite: Mehrkornbrot

Ciabatta

Programm »Kurzes Kneten« (höchstens 15 Minuten)

FÜR 1 CIABATTABROT

230 ml Wasser (oder mehr, für einen sehr weichen Teig)
2 EL Olivenöl
250 g Weißmehl (Type 550)
50 g Roggenmehl
50 g Brotmehl oder Halbweißmehl (Type 812)
2 TL Trockensauerteig
1 TL Salz
Fm = zwischen 230 und 250 ml Wasser

ZUBEREITUNG

Den Teig im ausgeschalteten Brotbackautomaten 1½ Stunden gehen lassen.
Ein Backpapier bemehlen, den Teig in Form eines Rechtecks ausziehen und darauflegen. Die Seiten des Backpapiers nach oben klappen und den Teig darin einschlagen, damit er seine rechteckige Form behält und nicht aufgeht. Möglichst wenig bewegen und 30 Minuten ruhen lassen. Das Backpapier wieder auseinanderschlagen und das überstehende Papier abschneiden.
Das Brot in den auf 220 Grad vorgeheizten Ofen geben und 20 Minuten backen. Die Kruste soll weich bleiben. Dieses Brot hält sich sehr lange.

Mischbrot »dreierlei«

Programm »Weißbrot« oder Schnellprogramm »Vollkornbrot«

FÜR 600 GRAMM BROT

210 ml Wasser
250 g Weißmehl (Type 550)
50 g Roggenmehl
50 g Dinkelmehl
2 TL Trockensauerteig
1 TL Salz
1 TL Zucker
1 EL Olivenöl oder Butter
1 TL Zitronensaft
Fm 1 = 210 ml · Fm 2 = 220 ml · Fm 3 = 230 ml

FÜR 750 GRAMM BROT

270 ml Wasser
310 g Weißmehl (Type 550)
70 g Roggenmehl
70 g Dinkelmehl
2½ TL Trockensauerteig
1½ TL Salz
1 TL Zucker
1 EL Olivenöl oder Butter
1 TL Zitronensaft
Fm 1 = 270 ml · Fm 2 = 285 ml · Fm 3 = 300 ml

FÜR 1 KILO BROT

360 ml Wasser
420 g Weißmehl (Type 550)
90 g Roggenmehl
90 g Dinkelmehl
3½ TL Trockensauerteig
2 TL Salz
2 TL Zucker
1½ EL Olivenöl oder Butter
1 TL Zitronensaft
Fm 1 = 360 ml · Fm 2 = 380 ml · Fm 3 = 400 ml

VARIANTE

Sie können für dieses Brot unterschiedlich stark ausgemahlene Roggen- und Dinkelmehlsorten verwenden. Dinkel ist eine alte Getreidesorte, die dem Brot einen besonders milden, raffinierten Geschmack verleiht. Ein gutes Gleichgewicht ergibt ein Roggenmehl, das etwa so ausgemahlen ist wie Graubrotmehl oder Ruchmehl (Type 1050), mit einem etwas weniger stark ausgemahlenen Dinkelmehl. Statt mit Roggenmehl können Sie das Brot auch zur Hälfte aus normalem Mehl und Dinkelmehl backen.

Brotkranz

Programm »Kneten«, »Teig« oder »Pizzateig«

FÜR 600 GRAMM BROT

220 ml Wasser
300 g Weißmehl (Type 550)
50 g Kamutmehl
2 TL Trockensauerteig
1½ TL Salz
1 TL Zucker
1 EL Olivenöl
1 TL Zitronensaft
Fm 1 = 220 ml · Fm 2 = 230 ml · Fm 3 = 240 ml

ZUBEREITUNG

Den Teig am Ende des Knetvorgangs aus dem Brotbehälter nehmen und daraus 7 kleine Kugeln formen. Eine davon in die Mitte des Blechs setzen und die anderen kranzförmig darum herum, mit genügend Abstand dazwischen (ungefähr ½ cm). Beim Aufgehen und beim Backen schließen sich die Teigkugeln zum Kranz. 30 Minuten gehen lassen.
Die Brötchen oben einschneiden und mit Mehl bestreuen.
Im auf 220 Grad vorgeheizten Backofen 25 Minuten backen. Das Brot herausnehmen und auf einem Gitter abkühlen lassen.

Vorhergehende Doppelseite: Brotkranz, Ciabatta; rechte Seite: Mischbrot mit dreierlei Mehl

Fougasse

Programm »Kneten«, »Teig« oder »Pizzateig«

FÜR 2 FOUGASSES

210 ml Wasser
380 g Weißmehl (Type 550)
1 kleiner Teelöffel Instanthefe
1 gut gehäufter TL Salz
2 EL Olivenöl
1 TL Zitronensaft
Fm 1 = 210 ml · Fm 2 = 220 ml · Fm 3 = 230 ml

ZUBEREITUNG

Den Teig 30 Minuten im Brotbackautomaten gehen lassen, dann herausnehmen.

Den Teig in der Mitte zusammenschlagen, eine Vierteldrehung machen, wieder zusammenschlagen, und dies einige Male wiederholen. Dann den Teig ausziehen und einschneiden, wie auf Seite 18 gezeigt. An den eingeschnittenen Stellen etwas auseinanderziehen, damit die Einschnitte größer werden. Den Teig 20 Minuten an einem vor Zugluft geschützten Ort gehen lassen.

Den Teig mit Salzwasser bestreichen.

Den Ofen auf 220 Grad vorheizen, dann die Temperatur auf 210 Grad reduzieren, die Fougasses in den Ofen schieben und unter Bedampfen (siehe Seite 17) 20 bis 25 Minuten backen.

Den Backvorgang kontrollieren, damit das Brot nicht zu dunkel wird. Herausnehmen und sofort oder noch am selben Tag verzehren.

Schwarzbrot

Programm »Vollkornbrot« oder
Schnellprogramm »Vollkornbrot«

FÜR 600 GRAMM BROT

200 ml Wasser
210 g Brotmehl oder Halbweißmehl (Type 812)
80 g Roggenmehl
60 g Vollkornmehl (ab Type 1600)
2 TL Trockensauerteig
1 TL Salz
40 g Melasse
2 EL Kümmel
1 EL Fenchelkörner
1 TL löslicher Kaffee
1½ TL ungezuckertes Kakaopulver

Fm 1 = 200 ml · Fm 2 = 210 ml · Fm 3 = 220 ml

FÜR 750 GRAMM BROT

260 ml Wasser
270 g Brotmehl oder Halbweißmehl (Type 812)
100 g Roggenmehl
80 g Vollkornmehl (ab Type 1600)
2½ TL Trockensauerteig
1½ TL Salz
60 g Melasse
3 EL Kümmel
1 EL Fenchelkörner
1 TL löslicher Kaffee
2 TL ungezuckertes Kakaopulver

Fm 1 = 260 ml · Fm 2 = 270 ml · Fm 3 = 285 ml

FÜR 1 KILO BROT

340 ml Wasser
360 g Brotmehl oder Halbweißmehl (Type 812)
130 g Roggenmehl
110 g Vollkornmehl (ab Type 1600)
3 TL Trockensauerteig
2 TL Salz
80 g Melasse
4 EL Kümmel
1½ EL Fenchelkörner
2 TL löslicher Kaffee
3 TL ungezuckertes Kakaopulver

Fm 1 = 200 ml · Fm 2 = 210 ml · Fm 3 = 220 ml

Roggenbrot mit Vorteig

Programm »Vollkornbrot« oder
Schnellprogramm »Großes Vollkornbrot«

FÜR 600 GRAMM BROT

Bereiten Sie am Vortag den Vorteig zu:
100 g Graubrotmehl oder Ruchmehl (Type 1050) mit 100 ml Wasser und ¼ TL Trockensauerteig mischen.
Den Vorteig am nächsten Tag in den Brotbackautomaten geben und folgende Zutaten hinzufügen:
110 ml Wasser
125 g Weißmehl (Type 550)
125 g Roggenmehl
1 TL Trockensauerteig
1 TL Salz
1 TL Zitronensaft

Fm 1 = 100 ml + 110 ml · Fm 2 = 100 ml + 120 ml · Fm 3 = 100 ml + 130 ml

FÜR 750 GRAMM BROT

Bereiten Sie am Vortag den Vorteig zu:
150 g Graubrotmehl oder Ruchmehl (Type 1050) mit 150 ml Wasser und ½ TL Trockensauerteig mischen.
Den Vorteig am nächsten Tag in den Brotbackautomaten geben und folgende Zutaten hinzufügen:
120 ml Wasser
150 g Weißmehl (Type 550)
150 g Roggenmehl
1½ TL Trockensauerteig
1½ TL Salz
1 TL Zitronensaft

Fm 1 = 150 ml + 120 ml · Fm 2 = 150 ml + 135 ml · Fm 3 = 150 ml + 150 ml

FÜR 1 KILO BROT

Bereiten Sie am Vortag den Vorteig zu:
100 g Graubrotmehl oder Ruchmehl (Type 1050) mit 100 ml Wasser und ½ TL Trockensauerteig mischen.
Den Vorteig am nächsten Tag in den Brotbackautomaten geben und folgende Zutaten hinzufügen:
210 ml Wasser
225 g Weißmehl (Type 550)
225 g Roggenmehl
2 TL Trockensauerteig
2 TL Salz
1 TL Zitronensaft

Fm 1 = 150 ml + 210 ml · Fm 2 = 150 ml + 230 ml · Fm 3 = 150 ml + 250 ml

TIPP

Bei heißem Wetter ist der Vorteig binnen weniger Stunden fertig. Sie können auch die angegebene Hefe- oder Sauerteigmenge verändern: Je mehr Sie davon nehmen, desto früher ist der Vorteig verwendbar, seine Qualität ist jedoch besser, wenn Sie ihm etwas mehr Zeit lassen und dafür weniger Treibmittel verwenden.

Weizen-Roggen-Brot

Programm »Vollkornbrot«

FÜR 600 GRAMM BROT

220 ml Wasser
175 g Weißmehl (Type 550)
175 g Roggenmehl
2 TL Trockenhefe
1 TL Salz
1 TL Zucker
1 TL Olivenöl oder Butter
1 TL Zitronensaft

Fm 1 = 220 ml · Fm 2 = 230 ml · Fm 3 = 240 ml

FÜR 750 GRAMM BROT

280 ml Wasser
225 g Weißmehl (Type 550)
225 g Roggenmehl
2½ TL Trockenhefe
1½ TL Salz
1 TL Zucker
1 EL Olivenöl oder Butter
1 TL Zitronensaft

Fm 1 = 280 ml · Fm 2 = 300 ml · Fm 3 = 315 ml

FÜR 1 KILO BROT

380 ml Wasser
300 g Weißmehl (Type 550)
300 g Roggenmehl
3½ TL Trockenhefe
2 TL Salz
2 TL Zucker
1½ EL Olivenöl oder Butter
1 TL Zitronensaft

Fm 1 = 380 ml · Fm 2 = 400 ml · Fm 3 = 420 ml

TIPP

Roggenbrot geht viel weniger auf als Weißbrot, und der Teig braucht meist viel Wasser. Wenn Ihnen der Roggengeschmack zu stark ist, erhöhen Sie den Anteil an Weißmehl und senken entsprechend den Anteil an Roggenmehl.

Vorhergehende Doppelseite: Schwarzbrot, Roggenbrot mit Vorteig; rechte Seite: Weizen-Roggen-Brot

Polentabrot

Programm »Weißbrot« oder »Standard«

FÜR 600 GRAMM BROT

150 ml Wasser
1 verquirltes Ei
300 g Weißmehl (Type 550)
50 g Maismehl (Polenta)
2 TL Trockensauerteig
1 TL Salz
2 TL Zucker
1 EL Olivenöl oder Butter
1 TL Zitronensaft
Fm 1 = 150 ml · Fm 2 = 160 ml · Fm 3 = 170 ml

FÜR 750 GRAMM BROT

210 ml Wasser
1 verquirltes Ei
380 g Weißmehl (Type 550)
70 g Maismehl (Polenta)
2½ TL Trockensauerteig
1½ TL Salz
2 TL Zucker
1 EL Olivenöl oder Butter
1 TL Zitronensaft
Fm 1 = 210 ml · Fm 2 = 225 ml · Fm 3 = 240 ml

FÜR 1 KILO BROT

300 ml Wasser
1 verquirltes Ei
500 g Weißmehl (Type 550)
100 g Maismehl (Polenta)
3½ TL Trockensauerteig
2 TL Salz
2 TL Zucker
1½ EL Olivenöl oder Butter
1 TL Zitronensaft
Fm 1 = 300 ml · Fm 2 = 320 ml · Fm 3 = 340 ml

TIPP

Ein durchschnittliches Ei wiegt etwa 60 g. Wenn Ihre Eier größer oder kleiner sind, müssen Sie die Flüssigkeitsmengen entsprechend anpassen.

VARIANTE

Sie können 30 g Sonnenblumenkerne und, um die schöne gelbe Farbe des Brots zu unterstreichen, eine Messerspitze Curry zum Teig hinzufügen.

Weizengrieß-Kastanien-Brot

Programm »Kneten«, »Teig« oder »Pizzateig«

FÜR 600 GRAMM BROT

210 ml Wasser
230 g Hartweizengrieß
80 g Weißmehl (Type 550)
40 g Kastanienmehl
2 TL Trockensauerteig
1 TL Salz
1 TL Zucker
1 TL Olivenöl oder Butter
1 TL Zitronensaft
Fm 1 = 210 ml · Fm 2 = 220 ml · Fm 3 = 230 ml

FÜR 750 GRAMM BROT

270 ml Wasser
300 g Hartweizengrieß
100 g Weißmehl (Type 550)
50 g Kastanienmehl
2½ TL Trockensauerteig
1½ TL Salz
1 TL Zucker
1 EL Olivenöl oder Butter
1 TL Zitronensaft
Fm 1 = 270 ml · Fm 2 = 285 ml · Fm 3 = 300 ml

FÜR 1 KILO BROT

360 ml Wasser
400 g Hartweizengrieß
130 g Weißmehl (Type 550)
70 g Kastanienmehl
3½ TL Trockensauerteig
2 TL Salz
2 TL Zucker
1½ EL Olivenöl oder Butter
1 TL Zitronensaft
Fm 1 = 360 ml · Fm 2 = 380 ml · Fm 3 = 400 ml

ZUBEREITUNG

Den Teig am Ende des Knetvorgangs aus dem Brotbehälter nehmen und in 3 Portionen teilen.
Die Arbeitsfläche bemehlen. Aus dem Teig 3 dicke Stränge formen und diese zu einem lockeren Zopf flechten (siehe Seite 19), so dass der Teig gut aufgehen kann. Den Zopf zum Kranz einrollen und etwa 30 Minuten vor Zugluft geschützt auf einem Blech gehen lassen.
Das Brot in den auf 220 Grad vorgeheizten Ofen schieben und etwa 35 Minuten backen. Wenn es zu schnell braun wird, die Temperatur reduzieren. Das Brot aus dem Ofen nehmen und auf einem Gitter abkühlen lassen.

Buchweizenbrot

Programm »Weißbrot« oder »Standard«

FÜR 600 GRAMM BROT

230 ml Wasser
290 g Weißmehl (Type 550)
60 g Buchweizenmehl
2 TL Trockensauerteig
1 TL Salz
1 TL Zucker
1 TL Olivenöl oder Butter
1 TL Zitronensaft
Fm 1 = 230 ml · Fm 2 = 240 ml · Fm 3 = 250 ml

FÜR 750 GRAMM BROT

300 ml Wasser
375 g Weißmehl (Type 550)
75 g Buchweizenmehl
2½ TL Trockensauerteig
1½ TL Salz
1 TL Zucker
1 EL Olivenöl oder Butter
1 TL Zitronensaft
Fm 1 = 300 ml · Fm 2 = 315 ml · Fm 3 = 330 ml

FÜR 1 KILO BROT

400 ml Wasser
500 g Weißmehl (Type 550)
100 g Buchweizenmehl
3½ TL Trockensauerteig
2 TL Salz
2 TL Zucker
1½ EL Olivenöl oder Butter
1 TL Zitronensaft
Fm 1 = 400 ml · Fm 2 = 420 ml · Fm 3 = 440 ml

TIPP

Buchweizen braucht meist viel Wasser. Überprüfen Sie daher gut die Konsistenz des Teigs. Für Brot ist ein kaum raffiniertes Salz wie etwa das graue Meersalz aus der Guérande am besten geeignet. Verwenden Sie niemals ein zu grobes Salz. Es könnte die Beschichtung des Brotbehälters zerkratzen.

Vorhergehende Doppelseite: Buchweizenbrot, Hartweizengrieß-Kastanienbrot; rechte Seite: Polentabrot

Vollwertbrot

Programm »Vollkornbrot«

FÜR 600 GRAMM BROT

210 ml Wasser
200 g Vollkornmehl (Type 1600)
100 g Dinkelvollkornmehl
50 g Roggenvollkornmehl
2 TL Trockensauerteig
1 TL Salz
1 TL Zucker
1 TL Olivenöl oder Butter
1 TL Zitronensaft
Fm 1 = 210 ml · Fm 2 = 220 ml · Fm 3 = 230 ml

FÜR 750 GRAMM BROT

270 ml Wasser
250 g Vollkornmehl (Type 1600)
125 g Dinkelvollkornmehl
75 g Roggenvollkornmehl
2½ TL Trockensauerteig
1½ TL Salz
1 TL Zucker
1 EL Olivenöl oder Butter
1 TL Zitronensaft
Fm 1 = 270 ml · Fm 2 = 285 ml · Fm 3 = 300 ml

FÜR 1 KILO BROT

360 ml Wasser
330 g Vollkornmehl (Type 1600)
180 g Dinkelvollkornmehl
90 g Roggenvollkornmehl
3½ TL Trockensauerteig
2 TL Salz
2 TL Zucker
1½ EL Olivenöl oder Butter
1 TL Zitronensaft
Fm 1 = 360 ml · Fm 2 = 380 ml · Fm 3 = 400 ml

HERSTELLUNG

Kontrollieren Sie die Teigkonsistenz, einige Mehlsorten erfordern mehr Wasser als andere. Zucker, Butter und Zitronensaft geben eine schöne goldbraune Kruste, sind aber nicht unbedingt erforderlich.

TIPP

Dies ergibt ein sehr festes Brot, das wenig aufgeht, aber sehr gut haltbar ist. Es schmeckt noch besser, wenn es schon etwas trocken ist.

Fünfkornbrot mit Haselnüssen

Programm »Kneten«, »Teig« oder »Pizzateig«

FÜR 600 GRAMM BROT

220 ml Wasser
350 g Fünfkornmehl
2 TL Trockensauerteig
1 TL Salz
1 TL Honig
20 g Haselnüsse
1 EL Olivenöl
1 TL Zitronensaft
Fm 1 = 220 ml · Fm 2 = 230 ml · Fm 3 = 240 ml

FÜR 750 GRAMM BROT

280 ml Wasser
450 g Fünfkornmehl
2½ TL Trockensauerteig
1½ TL Salz
1 TL Honig
30 g Haselnüsse
1 EL Olivenöl
1 TL Zitronensaft
Fm 1 = 280 ml · Fm 2 = 295 ml · Fm 3 = 310 ml

FÜR 1 KILO BROT

380 ml Wasser
600 g Fünfkornmehl
3½ TL Trockensauerteig
2 TL Salz
2 TL Honig
40 g Haselnüsse
1½ EL Olivenöl
1 TL Zitronensaft
Fm 1 = 380 ml · Fm 2 = 400 ml · Fm 3 = 420 ml

ZUBEREITUNG

Die Haselnüsse erst beim Signalton am Ende des Knetprogramms hinzufügen. Den Teig am Ende des Knetvorgangs aus dem Behälter nehmen, zu einem Laib formen und in einem passenden Brotkorb vor Zugluft geschützt etwa 45 Minuten gehen lassen.
Das Brot auf ein Blech stürzen und oben einschneiden. In den auf 220 Grad vorgeheizten Ofen schieben und etwa 30 Minuten backen. Das Brot herausnehmen und auf einem Gitter abkühlen lassen.

VARIANTE

Sie können die Haselnüsse durch Walnüsse oder Leinsamen ersetzen.

Dinkelbrot mit Sonnenblumenkernen

Programm »Kneten«, »Teig« oder »Pizzateig«

FÜR 600 GRAMM BROT

210 ml Wasser
270 g Brotmehl oder Halbweißmehl (Type 812)
80 g Dinkelmehl
2 TL Trockensauerteig
1 TL Salz
1 TL Zucker
25 g Sonnenblumenkerne
1 EL Olivenöl
1 TL Zitronensaft
Fm 1 = 210 ml · Fm 2 = 220 ml · Fm 3 = 230 ml

FÜR 750 GRAMM BROT

270 ml Wasser
350 g Brotmehl oder Halbweißmehl (Type 812)
100 g Dinkelmehl
2½ TL Trockensauerteig
1½ TL Salz
1 TL Zucker
30 g Sonnenblumenkerne
1 EL Olivenöl
1 TL Zitronensaft
Fm 1 = 270 ml · Fm 2 = 285 ml · Fm 3 = 300 ml

FÜR 1 KILO BROT

360 ml Wasser
460 g Brotmehl oder Halbweißmehl (Type 812)
140 g Dinkelmehl
3½ TL Trockensauerteig
2 TL Salz
2 TL Zucker
40 g Sonnenblumenkerne
1½ EL Olivenöl
1 TL Zitronensaft
Fm 1 = 360 ml · Fm 2 = 380 ml · Fm 3 = 400 ml

ZUBEREITUNG

Die Sonnenblumenkerne erst beim Signalton am Ende des Knetprogramms hinzufügen.
Einige Vollkornmehle brauchen mehr Wasser. Daher, wenn der Teig zu trocken ist, nach und nach (in Portionen von 10 ml) Wasser hinzufügen. Am Ende des Knetvorgangs den Teig aus dem Brotbehälter nehmen, zu einem Laib formen und vor Zugluft geschützt in einem Brotkorb etwa 30 Minuten gehen lassen. Das Brot auf ein Blech stürzen und oben einschneiden. In den auf 220 Grad vorgeheizten Ofen schieben und unter Bedampfen (siehe Seite 17) 30 Minuten backen. Das Brot aus dem Ofen nehmen und auf einem Gitter abkühlen lassen.

Hartweizengrießbrot

Programm »Weißbrot« oder »Standard«

FÜR 600 GRAMM BROT

210 ml Wasser
230 g feiner Grieß oder Hartweizengrieß
120 g Weißmehl (Type 550)
2 TL Trockensauerteig
1 TL Salz
1 TL Zucker
1 EL Olivenöl oder Butter
1 TL Zitronensaft
Fm 1 = 210 ml · Fm 2 = 220 ml · Fm 3 = 230 ml

FÜR 750 GRAMM BROT

270 ml Wasser
300 g Feiner Grieß oder Hartweizengrieß
150 g Weißmehl (Type 550)
2½ TL Trockensauerteig
1½ TL Salz
1 TL Zucker
1 EL Olivenöl oder Butter
1 TL Zitronensaft
Fm 1 = 270 ml · Fm 2 = 285 ml · Fm 3 = 300 ml

FÜR 1 KILO BROT

360 ml Wasser
400 g Feiner Grieß oder Hartweizengrieß
200 g Weißmehl (Type 550)
3½ TL Trockensauerteig
2 TL Salz
2 TL Zucker
1½ EL Olivenöl oder Butter
1 TL Zitronensaft
Fm 1 = 360 ml · Fm 2 = 380 ml · Fm 3 = 400 ml

Vorhergehende Doppelseite: Hartweizengrießbrot, Dinkelbrot; rechte Seite: Fünfkornbrot mit Haselnüssen

Kamutbrot

Programm »Kneten«, »Teig« oder »Pizzateig«

FÜR 600 GRAMM BROT

210 ml Wasser
270 g Weißmehl (Type 550)
80 g Kamutmehl
2 TL Trockensauerteig
1 TL Salz
1 TL Zucker
1 TL Olivenöl oder Butter
1 TL Zitronensaft
Fm 1 = 210 ml · Fm 2 = 220 ml · Fm 3 = 230 ml

FÜR 750 GRAMM BROT

270 ml Wasser
350 g Weißmehl (Type 550)
100 g Kamutmehl
2½ TL Trockensauerteig
1½ TL Salz
1 TL Zucker
1 EL Olivenöl oder Butter
1 TL Zitronensaft
Fm 1 = 270 ml · Fm 2 = 285 ml · Fm 3 = 300 ml

FÜR 1 KILO BROT

360 ml Wasser
460 g Weißmehl (Type 550)
140 g Kamutmehl
3½ TL Trockensauerteig
2 TL Salz
2 TL Zucker
1½ EL Olivenöl oder Butter
1 TL Zitronensaft
Fm 1 = 360 ml · Fm 2 = 380 ml · Fm 3 = 400 ml

ZUBEREITUNG

Den Teig am Ende des Knetvorgangs aus dem Behälter nehmen und formen, indem Sie den Teigstrang einfach um sich selbst drehen. Vor Zugluft geschützt in einem länglichen Brotkorb etwa 30 Minuten gehen lassen.
Das Brot auf ein Blech stürzen und in dem auf 220 Grad vorgeheizten Ofen etwa 30 Minuten backen. Das Brot auf einem Gitter abkühlen lassen.

TIPP

Statt eines Brotkorbs (geflochten und innen mit Leinen ausgekleidet) können Sie auch eine längliche Backform verwenden, die Sie mit einem leicht befeuchteten und bemehlten Geschirrtuch auslegen. Legen Sie das Brot hinein und decken Sie es mit dem Geschirrtuch zu.

Kastanienbrot

Programm »Weißbrot« oder »Standard«

FÜR 600 GRAMM BROT

210 ml Wasser
300 g Brotmehl oder Halbweißmehl (Type 812)
50 g Kastanienmehl
2 TL Trockensauerteig
1 TL Salz
1 TL Zucker
1 EL Olivenöl oder Butter
1 TL Zitronensaft
Fm 1 = 210 ml · Fm 2 = 220 ml · Fm 3 = 230 ml

FÜR 750 GRAMM BROT

270 ml Wasser
380 g Brotmehl oder Halbweißmehl (Type 812)
70 g Kastanienmehl
2½ TL Trockensauerteig
1½ TL Salz
1 TL Zucker
1 EL Olivenöl oder Butter
1 TL Zitronensaft
Fm 1 = 270 ml · Fm 2 = 285 ml · Fm 3 = 300 ml

FÜR 1 KILO BROT

360 ml Wasser
510 g Brotmehl oder Halbweißmehl (Type 812)
90 g Kastanienmehl
3½ TL Trockensauerteig
2 TL Salz
1 TL Zucker
1½ EL Olivenöl oder Butter
1 TL Zitronensaft
Fm 1 = 360 ml · Fm 2 = 380 ml · Fm 3 = 400 ml

VARIANTE

Für ein weicheres Brot können Sie 60 ml Flüssigkeit durch ein verquirltes Ei ersetzen und das Wasser mit Milch mischen.

Maisbrot

Programm »Weißbrot« oder »Standard«

FÜR 600 GRAMM BROT

210 ml Wasser
160 g Maismehl
190 g Weißmehl (Type 550)
2 TL Trockensauerteig
1 TL Salz
1 EL Rohzucker
1 EL Olivenöl
1 TL Zitronensaft
Fm 1 = 210 ml · Fm 2 = 220 ml · Fm 3 = 230 ml

FÜR 750 GRAMM BROT

270 ml Wasser
200 g Maismehl
250 g Weißmehl (Type 550)
2½ TL Trockensauerteig
1½ TL Salz
1 EL Rohzucker
1 EL Olivenöl
1 TL Zitronensaft
Fm 1 = 270 ml · Fm 2 = 285 ml · Fm 3 = 300 ml

FÜR 1 KILO BROT

360 ml Wasser
270 g Maismehl
330 g Weißmehl (Type 550)
3½ TL Trockensauerteig
2 TL Salz
1 EL Rohzucker
1½ EL Olivenöl
1 TL Zitronensaft
Fm 1 = 360 ml · Fm 2 = 380 ml · Fm 3 = 400 ml

ZUBEREITUNG

Zu Beginn des Knetvorgangs ist der Teig trocken und fast brüchig, um dann wenig später zu einer glatten Kugel zu werden.

VARIANTE

Bestreichen Sie das Brot einige Minuten vor dem Backen vorsichtig mit Wasser und bestreuen Sie es dann mit Polentagrieß.

Vorhergehende Doppelseite: Kastanienbrot, Maisbrot; rechte Seite: Kamutbrot

Grießbrot

Programm »Kneten«, »Teig« oder »Pizzateig«

FÜR 1 MITTELGROSSES BROT

125 ml Wasser
225 g feiner Hartweizengrieß
1 TL Instanthefe
1 TL Salz
1 EL Olivenöl
1 TL Zitronensaft
Fm 1 = 125 ml · Fm 2 = 130 ml · Fm 3 = 135 ml

ZUBEREITUNG

Falls der Teig zu trocken ist, während des Knetvorgangs etwas Wasser hinzufügen. Am Ende des Knetvorgangs den Teig aus dem Behälter nehmen und 1 Stunde in einer Kuchenform (in der Größe einer Ihrer Bratpfannen) durch ein sauberes Geschirrtuch vor Zugluft geschützt gehen lassen.
Die Pfanne ohne Fettzugabe erhitzen. Den gut aufgegangenen Teig hineingleiten lassen, den Deckel auflegen und den Teigfladen von beiden Seiten bei starker Hitze etwa 10 Minuten braten. Das Brot ist schnell fertig, trocknet aber ziemlich schnell aus und sollte sofort verzehrt werden.
Üblicherweise schneidet man das Brot nicht mit dem Messer, sondern bricht mit der Hand Stücke davon ab.

VARIANTE

Für 2 oder 3 Brote verdoppeln oder verdreifachen Sie die Mengen und braten die Brote nacheinander.

Hanfbrot

Programm »Weißbrot« oder »Standard«

FÜR 600 GRAMM BROT

230 ml Wasser
270 g Weißmehl (Type 550)
40 g Vollkornmehl (ab Type 1600)
40 g Hanfmehl
2 TL Trockensauerteig
1 TL Salz
1 EL Rohzucker
1 EL Olivenöl
1 TL Zitronensaft
Fm 1 = 230 ml · Fm 2 = 240 ml · Fm 3 = 250 ml

FÜR 750 GRAMM BROT

300 ml Wasser
350 g Weißmehl (Type 550)
50 g Vollkornmehl
50 g Hanfmehl
2½ TL Trockensauerteig
1½ TL Salz
1 EL Rohzucker
1 EL Olivenöl
1 TL Zitronensaft
Fm 1 = 300 ml · Fm 2 = 315 ml · Fm 3 = 330 ml

FÜR 1 KILO BROT

400 ml Wasser
480 g Weißmehl (Type 550)
60 g Vollkornmehl
60 g Hanfmehl
3½ TL Trockensauerteig
2 TL Salz
1½ EL Rohzucker
1½ EL Olivenöl
1 TL Zitronensaft
Fm 1 = 400 ml · Fm 2 = 420 ml · Fm 3 = 440 ml

VARIANTE

Wer einen kräftigen Brotgeschmack liebt, kann den Hanfmehlanteil auf 25 Prozent des Gesamtmehlgewichts erhöhen. Das Brot wird dann brauner und seine Krume fester.

TIPP

Hanfmehl verleiht dem Brot einen köstlich nussigen Geschmack. Man bekommt es in Bioläden.

BROTE ZUM FRÜHSTÜCK

Milchbrot

Schnellprogramm

FÜR 600 GRAMM BROT

210 ml lauwarme Milch
350 g Weißmehl (Type 550)
2 TL Trockensauerteig
1 kleiner TL Salz
10 g Butter
1 TL Zucker
1 TL Zitronensaft
Fm 1 = 210 ml · Fm 2 = 220 ml · Fm 3 = 230 ml

FÜR 750 GRAMM BROT

270 ml lauwarme Milch
450 g Weißmehl (Type 550)
2 TL Trockensauerteig
1 kleiner TL Salz
15 g Butter
1 TL Zucker
1 TL Zitronensaft
Fm 1 = 270 ml · Fm 2 = 285 ml · Fm 3 = 300 ml

FÜR 1 KILO BROT

360 ml lauwarme Milch
600 g Weißmehl (Type 550)
3½ TL Trockensauerteig
2 kleine TL Salz
20 g Butter
1 TL Zucker
1 TL Zitronensaft
Fm 1 = 360 ml · Fm 2 = 380 ml · Fm 3 = 400 ml

TIPP

Lesen Sie aufmerksam die Bedienungsanleitung Ihres Brotbackautomaten. Die Schnellprogramme brauchen manchmal leicht lauwarme Flüssigkeiten, etwas mehr Hefe oder etwas weniger Salz. Die Brote sind oft kleiner und fester. Am besten schmecken sie nach 5 oder 6 Stunden.

Zweiback

Programm »Weißbrot« oder »Standard«

FÜR 600 GRAMM ZWIEBACK

190 ml Milch
80 ml Wasser
450 g Weißmehl (Type 550)
2½ TL Trockensauerteig
1½ TL Salz
40 g Butter
15 g Zucker

Fm 1 = 190 ml + 80 ml · Fm 2 = 200 ml + 85 ml · Fm 3 = 210 ml + 90 ml

ZUBEREITUNG

Nehmen Sie das fertige Brot aus dem Brotbackautomaten und lassen Sie es 24 Stunden an der Luft trocknen.
Das Brot quer halbieren und die beiden Hälften der Länge nach in 1 cm dicke Scheiben schneiden. Die Scheiben auf einem Blech auslegen und 1 Stunde trocknen lassen. Dann das Blech in den auf 210 Grad vorgeheizten Ofen schieben und die Brotscheiben 15 Minuten backen; dabei nach der Hälfte der Backzeit umdrehen. Da die Scheiben sehr schnell bräunen, den Backvorgang aufmerksam überwachen.
Wenn der Zwieback auf beiden Seiten schön goldbraun ist, das Blech aus dem Ofen nehmen. Die Ofentemperatur auf unter 100 Grad absinken lassen und dann das Blech wieder in den Ofen schieben und den Zwieback noch einige Stunden trocknen lassen.

Wiener Brot

Programm »Süßes Brot« oder »Standard«

FÜR 600 GRAMM BROT

200 ml Milch, mit 50 g zerlassener Butter gemischt
350 g Weißmehl (Type 550)
2 TL Trockensauerteig
1 kleiner TL Salz
35 g Zucker
1 TL Zitronensaft

Fm 1 = 200 ml · Fm 2 = 210 ml · Fm 3 = 220 ml

FÜR 750 GRAMM BROT

250 ml Milch, mit 70 g zerlassener Butter gemischt
450 g Weißmehl (Type 550)
2½ TL Trockensauerteig
1 TL Salz
50 g Zucker
1 TL Zitronensaft

Fm 1 = 250 ml · Fm 2 = 265 ml · Fm 3 = 280 ml

FÜR 1 KILO BROT

340 ml Milch, mit 90 g zerlassener Butter gemischt
600 g Weißmehl (Type 550)
3½ TL Trockensauerteig
1½ TL Salz
70 g Zucker
1 TL Zitronensaft

Fm 1 = 340 ml · Fm 2 = 360 ml · Fm 3 = 380 ml

TIPP

Süßes Brot bräunt beim Backen ziemlich schnell. Manchmal muss man daher den Backvorgang bereits 10 oder 15 Minuten vor Programmende stoppen. Warten Sie einige Stunden mit dem Verzehr, dann schmeckt das Brot am besten.
Achtung: Für dieses Rezept ist wegen der Butter weniger Wasser angegeben. Kontrollieren Sie daher die Teigkonsistenz: Der Teig soll ziemlich weich sein, aber nicht am Brotbehälter kleben. Während des Knetvorgangs kann man den Deckel des Brotbackautomaten anheben, um die Konsistenz zu kontrollieren. Dies sollte man aber keinesfalls mehr tun, während der Teig geht. Er könnte dann in sich zusammenfallen.

Toastbrot

Programm »Weißbrot« oder »Standard«

FÜR 600 GRAMM BROT

190 ml Wasser und 20 ml Milch
350 g Weißmehl (Type 550)
2 TL Trockensauerteig
1 TL Salz
20 g Butter
20 g Zucker
1 TL Zitronensaft

Fm 1 = 190 ml + 20 ml · Fm 2 = 190 ml + 30 ml · Fm 3 = 200 ml + 30 ml

FÜR 750 GRAMM BROT

240 ml Wasser und 30 ml Milch
450 g Weißmehl (Type 550)
2½ TL Trockensauerteig
1½ TL Salz
30 g Butter
20 g Zucker
1 TL Zitronensaft

Fm 1 = 240 ml + 30 ml · Fm 2 = 250 ml + 35 ml · Fm 3 = 260 ml + 40 ml

FÜR 1 KILO BROT

320 ml Wasser und 40 ml Milch
600 g Weißmehl (Type 550)
3½ TL Trockensauerteig
2 TL Salz
40 g Butter
25 g Zucker
1 TL Zitronensaft

Fm 1 = 320 ml + 40 ml · Fm 2 = 330 ml + 50 ml · Fm 3 = 340 ml + 60 ml

Vorhergehende Doppelseite: Wiener Brot, Toastbrot; rechte Seite: hausgemachter Zwieback

farine
de
blé
T55

Müslibrot

Programm »Vollkornbrot«

FÜR 600 GRAMM BROT

105 ml Milch
105 ml Wasser
210 g Brotmehl oder Halbweißmehl (Type 812)
40 g Roggenmehl
2 TL Trockensauerteig
1 TL Salz
10 g Butter
15 g Honig
80 g Müsliflocken
30 g getrocknete Feigen (ca. 4 Stück)
15 g getrocknete Aprikosen (ca. 2 Stück)
Fm 1 = 210 ml · Fm 2 = 220 ml · Fm 3 = 230 ml

FÜR 750 GRAMM BROT

135 ml Milch
135 ml Wasser
270 g Brotmehl oder Halbweißmehl (Type 812)
50 g Roggenmehl
2½ TL Trockensauerteig
1½ TL Salz
15 g Butter
20 g Honig
100 g Müsliflocken
40 g getrocknete Feigen (ca. 4 Stück)
20 g getrocknete Aprikosen (2 oder 3 Stück)
Fm 1 = 270 ml · Fm 2 = 285 ml · Fm 3 = 300 ml

FÜR 1 KILO BROT

180 ml Milch
180 ml Wasser
360 g Brotmehl oder Halbweißmehl (Type 812)
70 g Roggenmehl
3½ TL Trockensauerteig
2 TL Salz
20 g Butter
30 g Honig
130 g Müsliflocken
50 g getrocknete Feigen (ca. 5 Stück)
30 g getrocknete Aprikosen (3 oder 4 Stück)
Fm 1 = 360 ml · Fm 2 = 380 ml · Fm 3 = 400 ml

ZUBEREITUNG

Die Müsliflocken und die getrockneten Früchte einige Minuten in der lauwarmen Flüssigkeit im Behälter einweichen, damit sie etwas geschmeidiger werden, bevor man das Mehl hinzufügt.

Honig-Briochebrot mit Salzbutter

Schnellprogramm »Standard« oder »Weißbrot«

FÜR 600 GRAMM BROT

95 ml Milch
95 ml Wasser
350 g Weißmehl (Type 550)
2 TL Trockensauerteig
1 kleiner TL Salz
30 g Salzbutter
30 g Honig
1 TL Zitronensaft
Fm 1 = 190 ml · Fm 2 = 200 ml · Fm 3 = 210 ml

FÜR 750 GRAMM BROT

120 ml Milch
120 ml Wasser
450 g Weißmehl (Type 550)
2½ TL Trockensauerteig
1 TL Salz
40 g Salzbutter
40 g Honig
1 TL Zitronensaft
Fm 1 = 240 ml · Fm 2 = 255 ml · Fm 3 = 270 ml

FÜR 1 KILO BROT

160 ml Milch
160 ml Wasser
600 g Weißmehl (Type 550)
3½ TL Trockensauerteig
1½ TL Salz
50 g Salzbutter
50 g Honig
1 TL Zitronensaft
Fm 1 = 320 ml · Fm 2 = 340 ml · Fm 3 = 360 ml

TIPPS

Das Brot vor dem Verzehr gut abkühlen lassen. Festen Honig einige Minuten erhitzen, um ihn wieder flüssig zu machen.

Weizenkleiebrot mit Apfel

Programm »Weißbrot« oder »Standard«

FÜR 600 GRAMM BROT

190 ml Wasser und 20 ml Milch
160 g Weißmehl (Type 550)
160 g Brotmehl oder Halbweißmehl (Type 812)
20 g Weizenkleie
2 TL Trockensauerteig
1 TL Salz
1 TL Zitronensaft
½ Apfel, gewürfelt
10 g Rosinen
1 Messerspitze Zimt
Fm 1 = 190 ml + 20 ml · Fm 2 = 200 ml + 20 · Fm 3 = 200 ml + 30 ml

FÜR 750 GRAMM BROT

240 ml Wasser und 30 ml Milch
200 g Weißmehl (Type 550)
210 g Brotmehl oder Halbweißmehl (Type 812)
25 g Weizenkleie
2½ TL Trockensauerteig
1½ TL Salz
1 TL Zitronensaft
½ Apfel, gewürfelt
15 g Rosinen
1 Messerspitze Zimt
Fm 1 = 240 ml + 30 ml · Fm 2 = 250 ml + 35 · Fm 3 = 260 ml + 40 ml

FÜR 1 KILO BROT

320 ml Wasser und 40 ml Milch
270 g Weißmehl (Type 550)
280 g Brotmehl oder Halbweißmehl (Type 812)
35 g Weizenkleie
3½ TL Trockensauerteig
2 TL Salz
1 TL Zitronensaft
⅔ Apfel, gewürfelt
20 g Rosinen
1 Messerspitze Zimt
Fm 1 = 320 ml + 40 ml · Fm 2 = 330 ml + 50 · Fm 3 = 340 ml + 60 ml

ZUBEREITUNG

Apfel und Rosinen am Ende des Knetvorgangs hinzufügen.

Vorhergehende Doppelseite: Weizenkleiebrot mit Apfel, Honig-Briochebrot mit Salzbutter; rechte Seite: Müslibrot

Klassische Brioche

Programm »Süßes Brot«

FÜR 1 BRIOCHE FÜR 6 PERSONEN

3 Eier, verquirlt
10 ml flüssige Crème fraîche
1 TL Orangenblütenwasser
350 g Auszugsmehl (Type 405)
120 g Butter
½ TL Salz
50 g Zucker
1 TL abgeriebene Orangenschale
10 g frische Hefe, über dem Mehl zerkrümelt

Fm 1 = Eier + 10 ml · Fm 2 = Eier + 20 ml · Fm 3 = Eier + 30 ml

Zuerst Eier und Flüssigkeit, dann das Mehl und die in Stücke geschnittene Butter in den Behälter geben. Salz, Zucker, Orangenschale und Hefe hinzufügen. (Die Hefe darf nicht mit dem Salz in Berührung kommen.) Den Backvorgang 15 Minuten vor Programmende abbrechen.

Leichte Quark-Brioches mit Rosinen

Programm »Kneten«, »Teig« oder »Pizzateig«

FÜR 12 KLEINE BRIOCHES

50 g Quark oder 50 g Joghurt
2 Eigelb
80 ml lauwarme Milch
1 EL Orangenblütenwasser
300 g Auszugsmehl (Type 405)
1 TL Instanthefe
1 TL Salz
20 g Butter
2 EL Zucker
1 Päckchen Vanillezucker
1 TL Zitronensaft
50 g Rosinen, mit Rum oder Tee getränkt

Fm 1 = 80 ml · Fm 2 = 90 ml · Fm 3 = 100 ml

Zuerst Quark oder Joghurt, Eigelbe und Milch in den Behälter geben, dann alle übrigen Zutaten bis auf die Rosinen dazugeben. Beim Signalton am Ende des Knetvorgangs die Rosinen hinzufügen. Den Teig herausnehmen, in zwölf Portionen teilen und diese in kleinen Backformen 1 Stunde vor Zugluft geschützt gehen lassen. Die Brioches in den auf 165 Grad vorgeheizten Ofen schieben und etwa 20 Minuten backen. Falls die Brioches zu schnell bräunen, mit Alufolie abdecken. Herausnehmen, aus den Formen nehmen und auf einem Gitter abkühlen lassen.

VARIANTE

Das Rezept gelingt ebenfalls hervorragend, wenn Sie nur eine große Brioche formen. Diese in einer Kastenform gehen lassen und dann darin backen.

Kastanienmehl-Brioche

Programm »Süßes Brot«

FÜR 1 BRIOCHE FÜR 6 PERSONEN

120 ml Milch
1 EL Rum
1 TL Zitronensaft
2 Eigelb
320 g Auszugsmehl (Type 405)
30 g Kastanienmehl
1 TL Instanthefe
1 TL Salz
60 g Butter
40 g Zucker
1 Päckchen Vanillezucker
40 g kandierte Orangen- und Zitronenschalen

Fm 1 = 120 ml · Fm 2 = 130 ml · Fm 3 = 140 ml

GUSS

10 g zerlassene Butter
10 g Puderzucker

Den Backvorgang 15 Minuten vor Programmende abbrechen. Die Brioche herausnehmen, sofort mit der zerlassenen Butter bestreichen und den Puderzucker darübersieben.

Vorhergehende Doppelseite: Brioche mit Kastanienmehl, leichte Quark-Brioches mit Rosinen; gegenüberliegende Seite: klassische Brioche

Brioche mit Vorteig

Programm »Süßes Brot«

FÜR 1 BRIOCHE FÜR 6 PERSONEN

Bereiten Sie am Vortag oder morgens für den folgenden Abend den Vorteig zu:
150 g Auszugsmehl (Type 405) mit
150 ml Milch und 1 Messerspitze
Backpulver mischen und ruhen lassen.

Den Vorteig am nächsten Tag oder am Abend desselben Tages in den Brotbackautomaten geben und folgende Zutaten hinzufügen:
2 verquirlte Eier
85 g zerlassene Butter
1 EL Orangenblütenwasser
225 g Auszugsmehl (Type 405)
1 TL Salz
½ TL Instanthefe
40 g Zucker und 1 Päckchen Vanillezucker
1 TL Zitronensaft
Die gesamte Flüssigkeitsmenge kommt in den Vorteig.
Für Fm 2 und Fm 3 etwas Milch hinzufügen, wenn der Teig zu trocken ist.

ZUBEREITUNG

Kontrollieren Sie die Teigkonsistenz nach 10 Minuten; sie muss weicher sein als bei normalem Brot.

TIPPS

Für eine etwas hellere Brioche brechen Sie den Backvorgang 15 Minuten vor Programmende ab. Falls Ihr Backautomat über kein Programm für »Süßes Brot« verfügt, wählen Sie »Weißbrot« oder »Standard«.

VARIANTE

Ersetzen Sie das Orangenblütenwasser durch Kirschwasser, Rum oder eine andere aromatisierende Flüssigkeit.

Muffins

Programm »Kneten«, »Teig« oder »Pizzateig«

FÜR 10 MUFFINS

150 ml Wasser und 60 ml Milch
350 g Weißmehl (Type 550)
2 TL Trockensauerteig
1 TL Salz
20 g Butter
1 TL Zucker
2 EL Hartweizengrieß
1 TL Zitronensaft

Fm 1 = 150 ml + 60 ml · Fm 2 = 160 ml + 60 ml · Fm 3 = 160 ml + 70 ml

ZUBEREITUNG

Den Teig nach Programmende aus dem Brotbehälter nehmen und auf der mit Hartweizengrieß bestreuten Arbeitsfläche zu einem flachen, etwa 2 cm dicken Fladen ausziehen. Mit Hilfe eines umgedrehten Glases runde Scheiben von 8 bis 10 cm Durchmesser ausstechen und mit Hartweizengrieß bestreuen. Auf einem Blech vor Zugluft geschützt 30 Minuten gehen lassen, dann in den auf 180 Grad vorgeheizten Ofen schieben. Die Muffins nach 6 bis 7 Minuten umdrehen und weitere 7 oder 8 Minuten backen. Den Backvorgang gut überwachen, damit die Muffins nicht zu braun werden. Vor dem Verzehr abkühlen lassen.

TIPPS

Wenn sich der Teig nur schwer ausziehen lässt, lassen Sie ihn 10 Minuten im Kühlschrank ruhen. Dann ist er leichter zu bearbeiten.
Muffins lassen sich problemlos einfrieren. Man kann sie dann direkt im Toaster oder im Ofen aufbacken.

BROT EINMAL ANDERS

Kamutbrot mit Haselnüssen

Programm »Weißbrot« oder »Standard«

FÜR 600 GRAMM BROT
210 ml Wasser
270 g Weißmehl (Type 550)
80 g Kamutmehl
2 TL Trockensauerteig
1 TL Salz
1 TL Zucker
1 EL Olivenöl oder Butter
1 TL Zitronensaft
25 g Haselnüsse
Fm 1 = 210 ml · Fm 2 = 220 ml · Fm 3 = 230 ml

FÜR 750 GRAMM BROT
270 ml Wasser
350 g Weißmehl (Type 550)
100 g Kamutmehl
2½ TL Trockensauerteig
1½ TL Salz
1 TL Zucker
1 EL Olivenöl oder Butter
1 TL Zitronensaft
30 g Haselnüsse
Fm 1 = 270 ml · Fm 2 = 285 ml · Fm 3 = 300 ml

FÜR 1 KILO BROT
360 ml Wasser
460 g Weißmehl (Type 550)
140 g Kamutmehl
3½ TL Trockensauerteig
2 TL Salz
2 TL Zucker
1½ EL Olivenöl oder Butter
1 TL Zitronensaft
40 g Haselnüsse
Fm 1 = 360 ml · Fm 2 = 380 ml · Fm 3 = 400 ml

ZUBEREITUNG
Geben Sie die Haselnüsse beim Signalton am Ende des Knetvorgangs hinzu.

Kürbisbrot

Programm »Weißbrot« oder »Standard«

FÜR 600 GRAMM BROT
180 ml Kürbispüree
270 g Weißmehl (Type 550)
80 g Graubrotmehl oder Ruchmehl (Type 1050)
2 TL Trockensauerteig
1 TL Salz
1 TL Rohzucker
1 TL Olivenöl
1 TL Zitronensaft
Fm 1 = 180 ml · Fm 2 = 190 ml · Fm 3 = 200 ml

FÜR 750 GRAMM BROT
240 ml Kürbispüree
330 g Weißmehl (Type 550)
120 g Graubrotmehl oder Ruchmehl (Type 1050)
2½ TL Trockensauerteig
1½ TL Salz
1½ TL Rohzucker
1 EL Olivenöl
1 TL Zitronensaft
Fm 1 = 240 ml · Fm 2 = 255 ml · Fm 3 = 270 ml

FÜR 1 KILO BROT
320 ml Kürbispüree
440 g Weißmehl (Type 550)
160 g Graubrotmehl oder Ruchmehl (Type 1050)
3½ TL Trockensauerteig
2 TL Salz
2 TL Rohzucker
1½ EL Olivenöl
1 TL Zitronensaft
Fm 1 = 320 ml · Fm 2 = 340 ml · Fm 3 = 360 ml

ZUBEREITUNG
Den geschälten und entkernten Kürbis in Stücke schneiden, in Wasser oder im Dampfkochtopf weich kochen und falls nötig pürieren (gut durchgekocht, zerfällt der Kürbis von selbst und braucht nicht püriert zu werden). Das Kürbispüree anstelle des üblicherweise verwendeten Wassers in den Brotbehälter geben. Der Teig ist am Anfang ziemlich trocken, wird aber nach und nach glatter. Die Teigkonsistenz gut beobachten und nicht zu früh zusätzliches Wasser hinzufügen!

Kartoffel-Knoblauch-Brot

Programm »Weißbrot« oder »Standard«

FÜR 600 GRAMM BROT
220 ml Wasser
350 g Weißmehl (Type 550)
30 g Instant-Kartoffelflocken
2 TL Trockensauerteig
1 TL Salz
1 TL Zucker
1 TL Knoblaucholivenöl
1 TL Zitronensaft
1 Messerspitze Muskatnuss
Fm 1 = 220 ml · Fm 2 = 230 ml · Fm 3 = 240 ml

FÜR 750 GRAMM BROT
280 ml Wasser
450 g Weißmehl (Type 550)
40 g Instant-Kartoffelflocken
2½ TL Trockensauerteig
1½ TL Salz
1 TL Zucker
1 EL Knoblaucholivenöl
1 TL Zitronensaft
1 Messerspitze Muskatnuss
Fm 1 = 280 ml · Fm 2 = 300 ml · Fm 3 = 315 ml

FÜR 1 KILO BROT
380 ml Wasser
600 g Weißmehl (Type 550)
50 g Instant-Kartoffelflocken
3½ TL Trockensauerteig
2 TL Salz
1 TL Zucker
1½ EL Knoblaucholivenöl
1 TL Zitronensaft
1 Messerspitze Muskatnuss
Fm 1 = 380 ml · Fm 2 = 400 ml · Fm 3 = 420 ml

ZUBEREITUNG
Die Kartoffelpüreeflocken direkt zum Mehl geben. Kontrollieren Sie die Teigkonsistenz. Die Kartoffelpüreeflocken saugen unterschiedlich viel Wasser auf.

VARIANTE
Wer den Knoblauchgeschmack nicht mag, kann ein neutrales Olivenöl verwenden oder es ganz durch Butter ersetzen.

Vorhergehende Doppelseite: Kartoffel-Knoblauch-Brot, Kamutbrot mit Haselnüssen; gegenüberliegende Seite: Kürbisbrot

Knoblauch-Olivenöl-Brot

Programm »Weißbrot« oder »Standard«

FÜR 600 GRAMM BROT

200 ml Wasser
2 EL Olivenöl
270 g Weißmehl (Type 550)
80 g Dinkelmehl
2 TL Trockensauerteig
1 TL Salz
1 TL Zucker
1 TL Zitronensaft
2 Knoblauchzehen, gepresst
Fm 1 = 200 ml · Fm 2 = 210 ml · Fm 3 = 215 ml

FÜR 750 GRAMM BROT

250 ml Wasser
3 EL Olivenöl
300 g Weißmehl (Type 550)
100 g Dinkelmehl
2½ TL Trockensauerteig
1½ TL Salz
1 TL Zucker
1 TL Zitronensaft
3 Knoblauchzehen, gepresst
Fm 1 = 250 ml · Fm 2 = 260 ml · Fm 3 = 270 ml

FÜR 1 KILO BROT

340 ml Wasser
4 EL Olivenöl
470 g Weißmehl (Type 550)
130 g Dinkelmehl
3½ TL Trockensauerteig
2 TL Salz
1 TL Zucker
1 TL Zitronensaft
4 Knoblauchzehen, gepresst
Fm 1 = 340 ml · Fm 2 = 360 ml · Fm 3 = 380 ml

ZUBEREITUNG

Das Öl zusammen mit dem Mehl in den Brotbehälter geben.

TIPP

Haben Sie trockenes Brot übrig? Dann versuchen Sie es doch mit dem berühmten katalanischen »pa amb tomaquet« (Tomatenbrot). Das trockene Brot mit dem Fruchtfleisch einer Tomate einreiben, mit Olivenöl beträufeln und mit etwas Salz bestreuen.

Brot mit Frühlingsgemüse

Programm »Weißbrot« oder »Standard«

FÜR 600 GRAMM BROT

190 ml Wasser
200 g Weißmehl (Type 550)
150 g Graubrotmehl oder Ruchmehl (Type 1050)
2 TL Trockensauerteig
1 TL Salz
1 TL Zucker
1 EL Olivenöl
1 TL Zitronensaft
40 g rote und grüne Paprika (Peperoni), gewürfelt
40 g Zucchini, gewürfelt
Fm 1 = 190 ml · Fm 2 = 200 ml · Fm 3 = 210 ml

FÜR 750 GRAMM BROT

240 ml Wasser
250 g Weißmehl (Type 550)
200 g Graubrotmehl oder Ruchmehl (Type 1050)
2½ TL Trockensauerteig
1½ TL Salz
1 TL Zucker
1 EL Olivenöl
1 TL Zitronensaft
50 g rote und grüne Paprika (Peperoni), gewürfelt
50 g Zucchini, gewürfelt
Fm 1 = 240 ml · Fm 2 = 255 ml · Fm 3 = 270 ml

FÜR 1 KILO BROT

320 ml Wasser
330 g Weißmehl (Type 550)
270 g Graubrotmehl oder Ruchmehl (Type 1050)
3½ TL Trockensauerteig
2 TL Salz
2 TL Zucker
2 EL Olivenöl
1 TL Zitronensaft
70 g rote und grüne Paprika (Peperoni), gewürfelt
70 g Zucchini, gewürfelt
Fm 1 = 320 ml · Fm 2 = 340 ml · Fm 3 = 360 ml

ZUBEREITUNG

Die Paprika gleich zu Anfang des Knetvorgangs hinzufügen, die Zucchini jedoch erst beim Signalton am Ende. Da der Wassergehalt im Gemüse variiert, die Teigkonsistenz gut kontrollieren.

Vollkornbrot mit Kichererbsen

Programm »Vollkornbrot« oder Schnellprogramm »Vollkornbrot«

FÜR 600 GRAMM BROT

210 ml Wasser
80 g Vollkornmehl
260 g Brotmehl oder Halbweißmehl (Type 812)
10 g Kichererbsenmehl
2 TL Trockensauerteig
1 TL Salz
1 TL Rohzucker
1 EL Olivenöl
1 TL Zitronensaft
60 g gekochte Kichererbsen
je 1 Messerspitze gemahlener Kreuzkümmel, Koriander und Kurkuma
Fm 1 = 210 ml · Fm 2 = 220 ml · Fm 3 = 230 ml

FÜR 750 GRAMM BROT

270 ml Wasser
100 g Vollkornmehl
340 g Brotmehl oder Halbweißmehl (Type 812)
10 g Kichererbsenmehl
2½ TL Trockensauerteig
1½ TL Salz
1½ TL Rohzucker
1 EL Olivenöl
1 TL Zitronensaft
80 g gekochte Kichererbsen
je 1 Messerspitze gemahlener Kreuzkümmel, Koriander und Kurkuma
Fm 1 = 270 ml · Fm 2 = 285 ml · Fm 3 = 300 ml

FÜR 1 KILO BROT

360 ml Wasser
140 g Vollkornmehl
450 g Brotmehl oder Halbweißmehl (Type 812)
10 g Kichererbsenmehl
3½ TL Trockensauerteig
2 TL Salz
2 TL Rohzucker
1 EL Olivenöl
1 TL Zitronensaft
110 g gekochte Kichererbsen
je 1 Messerspitze gemahlener Kreuzkümmel, Koriander und Kurkuma
Fm 1 = 360 ml · Fm 2 = 380 ml · Fm 3 = 400 ml

ZUBEREITUNG

Die Kichererbsen beim Signalton am Ende des Knetvorgangs hinzufügen.

Vorhergehende Doppelseite: Knoblauch-Olivenöl-Brot, Vollkornbrot mit Kichererbsen; gegenüberliegende Seite: Brot mit Frühlingsgemüse

Französisches Kräuterbrot

Programm »Weißbrot« oder »Standard«

FÜR 600 GRAMM BROT
210 ml Wasser
350 g Weißmehl (Type 550)
2 TL Trockensauerteig
1 TL Salz
1 TL Zucker
1 TL Olivenöl oder Butter
1 TL Zitronensaft
1 Messerspitze Muskatnuss
1 TL gehackte Kräuter (z.B. Petersilie, Schnittlauch, Basilikum, Salbei)
Fm 1 = 210 ml · Fm 2 = 220 ml · Fm 3 = 230 ml

FÜR 750 GRAMM BROT
270 ml Wasser
450 g Weißmehl (Type 550)
2½ TL Trockensauerteig
1½ TL Salz
1 TL Zucker
1 EL Olivenöl oder Butter
1 TL Zitronensaft
1 Messerspitze Muskatnuss
1½ TL gehackte Kräuter (z.B. Petersilie, Schnittlauch, Basilikum, Salbei)
Fm 1 = 270 ml · Fm 2 = 285 ml · Fm 3 = 300 ml

FÜR 1 KILO BROT
360 ml Wasser
600 g Weißmehl (Type 550)
3½ TL Trockensauerteig
2 TL Salz
2 TL Zucker
1½ EL Olivenöl oder Butter
1 TL Zitronensaft
1 Messerspitze Muskatnuss
2 TL gehackte Kräuter (z.B. Petersilie, Schnittlauch, Basilikum, Salbei)
Fm 1 = 360 ml · Fm 2 = 380 ml · Fm 3 = 400 ml

ZUBEREITUNG
Die Kräuter beim Signalton am Ende des Knetvorgangs hinzufügen. Deren Menge und Sorten können Sie beliebig variieren.

Körnerbrot

Programm »Vollkornbrot« oder Schnellprogramm »Vollkornbrot«

FÜR 600 GRAMM BROT
210 ml Wasser
250 g Brotmehl oder Halbweißmehl (Type 812)
100 g Vollkornmehl
2 TL Trockensauerteig
1 TL Salz
1 TL Zucker
1 TL Olivenöl oder Butter
1 TL Zitronensaft
80 g gemischte Kerne und Körner (z.B. Sonnenblumenkerne, gelber und brauner Leinsamen, Kürbiskerne, Mohn, Sesam, Senfkörner)
Fm 1 = 210 ml · Fm 2 = 220 ml · Fm 3 = 230 ml

FÜR 750 GRAMM BROT
270 ml Wasser
300 g Brotmehl oder Halbweißmehl (Type 812)
150 g Vollkornmehl
2½ TL Trockensauerteig
1½ TL Salz
1 TL Zucker
1 EL Olivenöl oder Butter
1 TL Zitronensaft
100 g gemischte Kerne und Körner (z.B. Sonnenblumenkerne, gelber und brauner Leinsamen, Kürbiskerne, Mohn, Sesam, Senfkörner)
Fm 1 = 270 ml · Fm 2 = 285 ml · Fm 3 = 300 ml

FÜR 1 KILO BROT
360 ml Wasser
400 g Brotmehl oder Halbweißmehl (Type 812)
200 g Vollkornmehl
3½ TL Trockensauerteig
2 TL Salz
1 TL Zucker
1½ EL Olivenöl oder Butter
1 TL Zitronensaft
130 g gemischte Kerne und Körner (z.B. Sonnenblumenkerne, gelber und brauner Leinsamen, Kürbiskerne, Mohn, Sesam, Senfkörner)
Fm 1 = 360 ml · Fm 2 = 380 ml · Fm 3 = 400 ml

ZUBEREITUNG
Die Kerne und Körner beim Signalton am Ende des Knetvorgangs hinzufügen.

TIPP
Wenn die Körner zu trocken sind, könnten sie den Brotbehälter zerkratzen. Weichen Sie sie daher 10 Minuten im Wasser ein, bevor Sie sie dazugeben.

Currybrot

Programm »Weißbrot« oder »Standard«

FÜR 600 GRAMM BROT
210 ml Wasser
350 g Weißmehl (Type 550)
2 TL Trockensauerteig
1 TL Salz
1 TL Zucker
1 TL Olivenöl
1 TL Zitronensaft
1 TL Currypaste oder -pulver
20 g Sonnenblumenkerne
Fm 1 = 210 ml · Fm 2 = 220 ml · Fm 3 = 230 ml

FÜR 750 GRAMM BROT
270 ml Wasser
450 g Weißmehl (Type 550)
2½ TL Trockensauerteig
1½ TL Salz
1 TL Zucker
1 EL Olivenöl
1 TL Zitronensaft
1 TL Currypaste oder -pulver
30 g Sonnenblumenkerne
Fm 1 = 270 ml · Fm 2 = 285 ml · Fm 3 = 300 ml

FÜR 1 KILO BROT
360 ml Wasser
600 g Weißmehl (Type 550)
3½ TL Trockensauerteig
2 TL Salz
1 TL Zucker
1½ EL Olivenöl
1 TL Zitronensaft
1½ TL Currypaste oder -pulver
40 g Sonnenblumenkerne
Fm 1 = 360 ml · Fm 2 = 380 ml · Fm 3 = 400 ml

ZUBEREITUNG
Die Sonnenblumenkerne beim Signalton am Ende des Knetvorgangs hinzufügen. Wer das Brot schärfer mag, kann etwas mehr oder eine schärfere Currypaste nehmen.

 Vorhergehende Doppelseite: Currybrot, Körnerbrot; gegenüberliegende Seite: französisches Kräuterbrot

Walnussbrot mit Wein

Programm »Weißbrot« oder »Standard«

FÜR 600 GRAMM BROT

210 ml halb Rotwein, halb Wasser
310 g Weißmehl (Type 550)
40 g Roggenmehl
2 TL Trockensauerteig
1 TL Salz
1 TL Butter
1 TL Zucker
20 g Walnusskerne
Fm 1 = 210 ml · Fm 2 = 220 ml · Fm 3 = 230 ml

FÜR 750 GRAMM BROT

270 ml halb Rotwein, halb Wasser
400 g Weißmehl (Type 550)
50 g Roggenmehl
2½ TL Trockensauerteig
1½ TL Salz
1½ TL Butter
1 TL Zucker
30 g Walnusskerne
Fm 1 = 270 ml · Fm 2 = 285 ml · Fm 3 = 300 ml

FÜR 1 KILO BROT

360 ml halb Rotwein, halb Wasser
530 g Weißmehl (Type 550)
70 g Roggenmehl
3½ TL Trockensauerteig
2 TL Salz
2 TL Butter
1½ TL Zucker
40 g Walnusskerne
Fm 1 = 360 ml · Fm 2 = 380 ml · Fm 3 = 400 ml

TIPP

Für dieses Rezept können Sie einen beliebigen Wein Ihrer Wahl verwenden. Die Beigabe von Wein lässt das Brot weniger aufgehen. Es entsteht also ein eher kompaktes Brot.

Brötchen mit Mohn, Kümmel, Sesam ...

Programm »Kneten«, »Teig« oder »Pizzateig«

FÜR 10 KLEINE BRÖTCHEN

Bereiten Sie am Vortag den Vorteig zu: 100 g Weißmehl (Type 550) mit 100 ml Wasser und 1 Messerspitze Instanthefe mischen.

Den Vorteig am nächsten Tag in den Brotbackautomaten geben und folgende Zutaten hinzufügen:
150 ml Milch
150 g Weißmehl (Type 550)
150 g Dinkelmehl
1 TL Trockensauerteig
1½ TL Salz
15 g Butter
1 TL Rohzucker
Fm 1 = 100 ml + 150 ml · Fm 2 = 100 ml + 160 ml · Fm 3 = 100 ml + 180 ml

Leinsamen, Mohn, Kümmel, Kreuzkümmel (Kumin), Sesam, Sonnenblumenkerne usw. zum Bestreuen.

ZUBEREITUNG

Den Teig am Ende des Knetvorgangs aus dem Brotbehälter nehmen, kleine Brötchen von etwa 60 g formen und diese, vor Zugluft geschützt, 30 Minuten gehen lassen. Dann die Brötchen mit Salzwasser bestreichen und mit Körnern nach Wahl bestreuen. Die Körner etwas festdrücken und die Brötchen auf der Oberseite einschneiden. Die Brötchen in den auf 220 Grad vorgeheizten Ofen schieben und 20 Minuten backen; falls nötig die Temperatur etwas reduzieren (auf 200 Grad). Den Backvorgang gut überwachen und die Brötchen aus dem Ofen nehmen, wenn sie schön goldbraun sind.

Hafermilch-Hanf-Brot mit Rosinen

Programm »Weißbrot« oder »Standard«

FÜR 600 GRAMM BROT

210 ml Hafermilch
350 g Weißmehl (Type 550)
2½ TL Trockensauerteig
1 TL Salz
10 g Butter
1 TL Rohzucker
20 g Rosinen
10 g Hanfkörner
Fm 1 = 210 ml · Fm 2 = 220 ml · Fm 3 = 230 ml

FÜR 750 GRAMM BROT

270 ml Hafermilch
450 g Weißmehl (Type 550)
3 TL Trockensauerteig
1½ TL Salz
15 g Butter
1 TL Rohzucker
30 g Rosinen
20 g Hanfkörner
Fm 1 = 270 ml · Fm 2 = 285 ml · Fm 3 = 300 ml

FÜR 1 KILO BROT

360 ml Hafermilch
600 g Weißmehl (Type 550)
3½ TL Trockensauerteig
2 TL Salz
20 g Butter
2 TL Rohzucker
40 g Rosinen
30 g Hanfkörner
Fm 1 = 360 ml · Fm 2 = 380 ml · Fm 3 = 400 ml

VARIANTE

Man kann die Hafermilch durch Kuhmilch oder Sojamilch ersetzen und statt der Hanfkörner beispielsweise Kreuzkümmel verwenden.

Vorhergehende Doppelseite: Hafermilch-Hanf-Brot mit Rosinen, kleine Brötchen mit Körnern; gegenüberliegende Seite: Walnussbrot mit Wein

Bananen-Ingwer-Brot

Programm »Weißbrot« oder »Standard«

FÜR 600 GRAMM BROT

50 ml Wasser und 120 ml Milch
275 g Brotmehl oder Halbweißmehl (Type 812)
2 TL Trockensauerteig
1 TL Salz
2 TL Rohzucker
100 g sehr reife Bananen und 40 g Weißmehl (Type 550)
1 TL Zitronensaft
1 TL geriebener Ingwer

Fm 1 = 50 ml + 120 ml · Fm 2 = 55 ml + 125 ml · Fm 3 = 60 ml + 130 ml

FÜR 750 GRAMM BROT

60 ml Wasser und 150 ml Milch
350 g Brotmehl oder Halbweißmehl (Type 812)
2½ TL Trockensauerteig
1½ TL Salz
3 TL Rohzucker
120 sehr reife Bananen und 50 g Weißmehl (Type 550)
1 TL Zitronensaft
1 TL geriebener Ingwer

Fm 1 = 60 ml + 150 ml · Fm 2 = 65 ml + 155 ml · Fm 3 = 70 ml + 160 ml

FÜR 1 KILO BROT

80 ml Wasser und 200 ml Milch
470 g Brotmehl oder Halbweißmehl (Type 812)
3½ TL Trockensauerteig
2 TL Salz
4 TL Rohzucker
160 g sehr reife Bananen und 60 g Weißmehl (Type 550)
1 TL Zitronensaft
1½ TL geriebener Ingwer

Fm 1 = 80 ml + 200 ml · Fm 2 = 90 ml + 210 ml · Fm 3 = 100 ml + 220 ml

ZUBEREITUNG

Die in Scheiben geschnittenen Bananen zusammen mit dem Weißmehl beim Signalton vor Ende des Knetvorgangs dazugeben und danach den Ingwer.

TIPP

Die Bananen zergehen im Teig und machen ihn ziemlich klebrig. Den Teig mit einem Spatel vom Rand des Behälters abstreifen, um alles gut zu vermengen.

Rosinen-Körner-Brot mit Pecannüssen

Programm »Kneten«, »Teig« oder »Pizzateig«

FÜR 600 GRAMM BROT

210 ml Wasser
190 g Weißmehl (Type 550)
160 g Fünfkornmehl
2 TL Trockensauerteig
1 TL Salz
1 TL Rohzucker
1 TL Olivenöl oder Butter
1 TL Zitronensaft
20 g Rosinen
20 g Pecannusskerne

Fm 1 = 210 ml · Fm 2 = 220 ml · Fm 3 = 230 ml

FÜR 750 GRAMM BROT

270 ml Wasser
150 g Weißmehl (Type 550)
200 g Fünfkornmehl
2½ TL Trockensauerteig
1½ TL Salz
1 TL Rohzucker
1 EL Olivenöl oder Butter
1 TL Zitronensaft
25 g Rosinen
25 g Pecannusskerne

Fm 1 = 270 ml · Fm 2 = 285 ml · Fm 3 = 300 ml

FÜR 1 KILO BROT

360 ml Wasser
330 g Weißmehl (Type 550)
270 g Fünfkornmehl
3½ TL Trockensauerteig
2 TL Salz
2 TL Rohzucker
1½ EL Olivenöl oder Butter
1 TL Zitronensaft
35 g Rosinen
35 g Pecannusskerne

Fm 1 = 360 ml · Fm 2 = 380 ml · Fm 3 = 400 ml

ZUBEREITUNG

Pecannüsse und Rosinen beim Signalton am Ende des Knetvorgangs hinzufügen. Den Teig am Programmende aus dem Brotbehälter nehmen und ein großes, langes Brot oder einen Kranz formen. Das Brot auf einem Blech, vor Zugluft geschützt, etwa 40 Minuten gehen lassen. Anschließend auf der Oberseite einschneiden, in den auf 220 Grad vorgeheizten Ofen schieben und etwa 35 Minuten backen. Sobald das Brot goldbraun ist, aus dem Ofen nehmen.

Grießbrot mit Kardamom

Programm »Weißbrot« oder »Standard«

FÜR 600 GRAMM BROT

210 ml Wasser
200 g Weißmehl (Type 550)
150 g feiner Hartweizengrieß
2 TL Trockensauerteig
1 TL Salz
1 EL Rohzucker
1 EL Olivenöl oder Butter
1 TL Zitronensaft
1 TL gemahlener Kardamom
Körner aus 5 Kardamomkapseln

Fm 1 = 210 ml · Fm 2 = 220 ml · Fm 3 = 230 ml

FÜR 750 GRAMM BROT

270 ml Wasser
250 g Weißmehl (Type 550)
200 g feiner Hartweizengrieß
2½ TL Trockensauerteig
1½ TL Salz
1 EL Rohzucker
1 EL Olivenöl oder Butter
1 TL Zitronensaft
1 TL gemahlener Kardamom
Körner aus 5 Kardamomkapseln

Fm 1 = 270 ml · Fm 2 = 285 ml · Fm 3 = 300 ml

FÜR 1 KILO BROT

360 ml Wasser
330 g Weißmehl (Type 550)
270 g feiner Hartweizengrieß
3½ TL Trockensauerteig
2 TL Salz
1 EL Rohzucker
1 EL Olivenöl oder Butter
1 TL Zitronensaft
1½ TL gemahlener Kardamom
Körner aus 5 Kardamomkapseln

Fm 1 = 360 ml · Fm 2 = 380 ml · Fm 3 = 400 ml

VARIANTE

Den Kardamom durch Fenchel- oder Aniskörner ersetzen.

Vorhergehende Doppelseite: Bananen-Ingwer-Brot, Grießbrot mit Kardamom; gegenüberliegende Seite: Rosinen-Körner-Brot mit Pecannüs

Gerolltes Mohnbrot

Programm »Kneten«, »Teig« oder »Pizzateig«

FÜR 600 GRAMM BROT

Bereiten Sie am Vortag den Vorteig zu: 100 g Weißmehl (Type 550) mit 100 ml Wasser und 1/4 TL Trockensauerteig mischen.

Den Vorteig am nächsten Tag in den Brotbackautomaten geben und folgende Zutaten hinzufügen:
100 ml Wasser
125 g Weißmehl (Type 550)
125 g Graubrotmehl oder Ruchmehl (Type 1050)
1 TL Trockensauerteig
1 TL Salz
1 TL Zitronensaft
15 g Mohn zum Bestreuen

Fm 1 = 100 ml + 110 ml · Fm 2 = 100 ml + 120 ml · Fm 3 = 100 ml + 130 ml

FÜR 750 GRAMM BROT

Bereiten Sie am Vortag den Vorteig zu: 150 g Weißmehl (Type 550) mit 150 ml Wasser und 1/2 TL Trockensauerteig mischen.

Den Vorteig am nächsten Tag in den Brotbackautomaten geben und folgende Zutaten hinzufügen:
120 ml Wasser
150 g Weißmehl (Type 550)
150 g Graubrotmehl oder Ruchmehl (Type 1050)
1 1/2 TL Trockensauerteig
1 1/2 TL Salz
1 TL Zitronensaft
20 g Mohn zum Bestreuen

Fm 1 = 150 ml + 120 ml · Fm 2 = 150 ml + 135 ml · Fm 3 = 150 ml + 150 ml

FÜR 1 KILO BROT

Bereiten Sie am Vortag den Vorteig zu: 150 g Weißmehl (Type 550) mit 100 ml Wasser und 1/2 TL Trockensauerteig mischen.
Den Vorteig am nächsten Tag in den Brotbackautomaten geben und folgende Zutaten hinzufügen:
210 ml Wasser
225 g Weißmehl (Type 550)
225 g Graubrotmehl oder Ruchmehl (Type 1050)
2 TL Trockensauerteig
2 TL Salz
1 TL Zitronensaft
30 g Mohn zum Bestreuen

Fm 1 = 150 ml + 210 ml · Fm 2 = 150 ml + 230 ml · Fm 3 = 150 ml + 250 ml

ZUBEREITUNG

Den Teig am Programmende aus dem Brotbehälter nehmen, zu einem Rechteck ausziehen, mit dem Mohn bestreuen und zu einer festen Rolle rollen. In einem Brotkorb, vor Zugluft geschützt, etwa 30 Minuten gehen lassen. Anschließend auf ein Blech stürzen, die Oberseite mit Wasser bestreichen und mit Mohn bestreuen. Das Brot in den auf 220 Grad vorgeheizten Ofen schieben und unter Bedampfen (siehe Seite 17) etwa 35 Minuten backen.

BROTE FÜR PICKNICK UND BUFFET

Semmeln

Programm »Kneten«, »Teig« oder »Pizzateig«

FÜR 6 ODER 7 SEMMELN

210 ml Wasser
300 g Weißmehl (Type 550)
50 g Roggenmehl
2 TL Trockensauerteig
1 TL Salz
10 g Butter
1 TL Zucker
1 TL Zitronensaft
Fm 1 = 210 ml · Fm 2 = 220 ml · Fm 3 = 230 ml

ZUBEREITUNG

Den Teig nach Programmende aus dem Brotbehälter nehmen und daraus ungefähr 80 g schwere runde Brötchen formen; die Brötchen etwas in die Länge ziehen. In der Mitte mit einem bemehlten Kochlöffelstiel etwas eindrücken. Die Brötchen auf einem Blech an einem vor Zugluft geschützten Ort etwa 30 Minuten gehen lassen. Das Blech in den auf 220 Grad vorgeheizten Ofen schieben, die Temperatur auf 200 Grad reduzieren und die Brötchen 20 Minuten backen.

Kleine Dampfbrötchen

Programm »Kneten«, »Teig« oder »Pizzateig«

FÜR CA. 10 BRÖTCHEN

270 ml Wasser
450 g Weißmehl (Type 550)
2½ TL Trockensauerteig
1½ TL Salz
1 TL Zucker
1 EL Olivenöl oder Butter
1 TL Zitronensaft
Kümmel zum Bestreuen
Fm 1 = 270 ml · Fm 2 = 285 ml · Fm 3 = 300 ml

FÜR CA. 15 BRÖTCHEN

360 ml Wasser
600 g Weißmehl (Type 550)
3½ TL Trockensauerteig
2 TL Salz
2 TL Zucker
1½ EL Olivenöl oder Butter
1 TL Zitronensaft
Kümmel zum Bestreuen
Fm 1 = 360 ml · Fm 2 = 380 ml · Fm 3 = 400 ml

ZUBEREITUNG

Den Teig nach Programmende aus dem Brotbehälter nehmen, daraus kleine Brötchen formen und diese auf einem mit Backpapier belegten Blech, vor Zugluft geschützt, 1 Stunde gehen lassen. Die Brötchen mit Wasser bestreichen und mit Kümmel bestreuen. Im Dampfkochtopf oder in einem Gefäß über kochendem Wasser 20 Minuten vorgaren. Dann die Brötchen herausnehmen und im auf 220 Grad vorgeheizten Backofen 10 bis 15 Minuten backen. Sobald sie schön goldbraun sind, aus dem Ofen nehmen.

Minibrötchen fürs Buffet

Programm »Kneten«, »Teig« oder »Pizzateig«

FÜR CA. 10 BRÖTCHEN

200 ml Milch
40 g zerlassene Butter
350 g Weißmehl (Type 550)
2 TL Trockensauerteig
1 TL Salz
35 g Butter
1 TL Zitronensaft
Fm 1 = 200 ml · Fm 2 = 210 ml · Fm 3 = 220 ml

ZUBEREITUNG

Die zerlassene Butter zur Milch geben. Den Teig nach Programmende aus dem Brotbehälter nehmen, in 20 g schwere Stücke schneiden und diese zu kleinen Brötchen formen. Mit Milch bestreichen, in den auf 210 Grad vorgeheizten Backofen schieben und die Temperatur auf 200 Grad reduzieren. Den Backvorgang kontrollieren und die Brötchen aus dem Ofen nehmen, sobald sie schön goldbraun sind, auf einem Gitter abkühlen lassen.

TIPPS

Belegen Sie die Brötchen erst kurz vor dem Servieren.
Die Brötchen können auch problemlos eingefroren und einige Stunden vor Verwendung wieder aufgetaut werden.

Vorhergehende Doppelseite: kleine Dampfbrötchen, Semmeln; gegenüberliegende Seite: Minibrötchen fürs Buffet

Brezeln

Programm »Kneten«, »Teig« oder »Pizzateig«

FÜR 10 GROSSE BREZELN

1 Becher Joghurt (180 g) und
50 ml Wasser
250 g Brotmehl oder Halbweißmehl (Type 812)
100 g Weißmehl (Type 550)
1 TL Instanthefe
1 TL Salz
1 TL Zitronensaft

Fm 1 = 50 ml + 1 Joghurt · Fm 2 = 60 ml + 1 Joghurt · Fm 3 = 70 ml + 1 Joghurt

ZUM BACKEN

4 EL Natriumbikarbonat
1 Eiweiß
grobes Salz

ZUBEREITUNG

Den fertig gekneteten, ziemlich kompakten Teig aus dem Brotbehälter nehmen und in einer Schüssel einige Minuten im Kühlschrank ruhen lassen (er lässt sich dann leichter weiterverarbeiten).
Nach der Anleitung auf Seite 19 Brezeln formen und diese auf einem Blech 30 Minuten ruhen lassen.
In einem Topf 1 Liter Wasser mit 4 Esslöffeln Natriumbikarbonat aufkochen. Die Brezeln hineingeben und, sobald sie an die Oberfläche steigen, wieder herausnehmen. Auf einem Blech trocknen lassen.
Das Eiweiß mit 1 Esslöffel Wasser verrühren, die Brezeln damit bestreichen und mit Salz bestreuen. Die Brezeln in den auf 200 Grad vorgeheizten Backofen schieben und etwa 20 Minuten backen. Dabei den Backvorgang gut überwachen und die Brezeln herausnehmen, sobald sie gut goldbraun sind. Die Brezeln am selben Tag verzehren.

Überraschungsbrot

Programm »Weißbrot« oder »Standard«

FÜR 1 BROT

270 ml Wasser
450 g Brotmehl oder Halbweißmehl (Type 812)
2½ TL Trockensauerteig
½ TL Salz
1 TL Zucker
1 EL Olivenöl oder Butter
1 TL Zitronensaft
Fm 1 = 270 ml · Fm 2 = 285 ml · Fm 3 = 300 ml

ZUBEREITUNG

Das Brot mindestens 48 Stunden vor der Verwendung zubereiten. An der Luft trocknen lassen, damit es sich problemlos aufschneiden lässt.
Einige Stunden vor dem Servieren das Brot oben und unten geradeschneiden und die Rinde rundherum dünn abschneiden. Das Brot nochmals etwas trocknen lassen.
Das Brot quer in dünne Scheiben schneiden, jeweils zwei Scheiben aufeinanderlegen und in »Tortenstücke« etwa von der Größe belegter Brötchen teilen. Die Brote nach Geschmack füllen und wieder zur ursprünglichen Brotform zusammensetzen.

Zwiebelbrot mit Käse und Senf

Programm »Weißbrot« oder »Standard«

FÜR 600 GRAMM BROT

130 ml Wasser, mit 50 ml Milch und 20 g grobkörnigem Senf gemischt
280 g Weißmehl (Type 550)
70 g Graubrotmehl oder Ruchmehl (Type 1050) oder Vollkornmehl (ab Type 1700)
2 TL Trockensauerteig
1 TL Salz
10 g Butter
1 TL Zucker
1 TL Zitronensaft
60 g geriebener Greyerzer und 30 g geriebene Zwiebeln
Fm 1 = 130 ml + 50 ml · Fm 2 = 140 ml + 50 ml · Fm 3 = 150 ml + 50 ml

FÜR 750 GRAMM BROT

180 ml Wasser, mit 60 ml Milch und 25 g grobkörnigem Senf gemischt
360 g Weißmehl (Type 550)
90 g Graubrotmehl oder Ruchmehl (Type 1050) oder Vollkornmehl (ab Type 1700)
2½ TL Trockensauerteig
1½ TL Salz
15 g Butter
1 TL Zucker
1 TL Zitronensaft
80 g geriebener Greyerzer und 40 g geriebene Zwiebeln
Fm 1 = 180 ml + 60 ml · Fm 2 = 190 ml + 60 ml · Fm 3 = 200 ml + 60 ml

FÜR 1 KILO BROT

240 ml Wasser, mit 80 ml Milch und 30 g grobkörnigem Senf gemischt
480 g Weißmehl (Type 550)
120 g Graubrotmehl oder Ruchmehl (Type 1050) oder Vollkornmehl (ab Type 1700)
3½ TL Trockensauerteig
2 TL Salz
20 g Butter
1 TL Zucker
110 g geriebener Greyerzer und 60 g geriebene Zwiebeln
Fm 1 = 240 ml + 80 ml · Fm 2 = 250 ml + 80 ml · Fm 3 = 260 ml + 90 ml

ZUBEREITUNG

Käse und Zwiebeln am Ende des Knetvorgangs hinzufügen.

TIPP

Der Senf verliert beim Backen seine Schärfe. Das Brot wird also nicht scharf.

VARIANTE

Für einen stärkeren Zwiebelgeschmack können Sie die Zwiebeln in einer Pfanne leicht anbräunen, bevor Sie sie dazugeben.

Sardinenbrot

Programm »Weißbrot« oder »Standard«

FÜR 600 GRAMM BROT

210 ml Wasser
40 g Sardinen in Öl
240 g Weißmehl (Type 550)
110 g Brotmehl oder Halbweißmehl (Type 812)
2 TL Trockensauerteig
1 TL Salz
1 TL Zucker
1 TL Zitronensaft
Fm 1 = 210 ml · Fm 2 = 220 ml · Fm 3 = 230 ml

FÜR 750 GRAMM BROT

270 ml Wasser
50 g Sardinen in Öl
300 g Weißmehl (Type 550)
150 g Brotmehl oder Halbweißmehl (Type 812)
2½ TL Trockensauerteig
1½ TL Salz
1 TL Zucker
1 TL Zitronensaft
Fm 1 = 270 ml · Fm 2 = 285 ml · Fm 3 = 300 ml

FÜR 1 KILO BROT

360 ml Wasser
60 g Sardinen in Öl
400 g Weißmehl (Type 550)
200 g Brotmehl oder Halbweißmehl (Type 812)
3½ TL Trockensauerteig
2 TL Salz
2 TL Zucker
1 TL Zitronensaft
Fm 1 = 360 ml · Fm 2 = 380 ml · Fm 3 = 400 ml

ZUBEREITUNG

Die ganzen Sardinen zusammen mit dem Wasser in den Brotbehälter geben.

TIPP

2 zerdrückte Kartoffeln oder 2 Esslöffel Kartoffelstärke verleihen dem Brot einen milderen Geschmack.

Brot mit Käse, Kümmel und Sesam

Programm »Weißbrot« oder »Standard«

FÜR 600 GRAMM BROT

180 ml Wasser
350 g Brotmehl oder Halbweißmehl (Type 812)
50 g flüssiger Schmelzkäse im Becher
2 TL Trockensauerteig
1 TL Salz
1 TL Zucker
1 EL Olivenöl oder Butter
1 TL Zitronensaft
1 TL Kümmel oder Kreuzkümmel
10 g Sesam
Fm 1 = 180 ml · Fm 2 = 200 ml · Fm 3 = 210 ml

FÜR 750 GRAMM BROT

240 ml Wasser
450 g Brotmehl oder Halbweißmehl (Type 812)
60 g flüssiger Schmelzkäse im Becher
2½ TL Trockensauerteig
1½ TL Salz
1 TL Zucker
1 EL Olivenöl oder Butter
1 TL Zitronensaft
1 TL Kümmel oder Kreuzkümmel
15 g Sesam
Fm 1 = 240 ml · Fm 2 = 250 ml · Fm 3 = 260 ml

FÜR 1 KILO BROT

320 ml Wasser
600 g Brotmehl oder Halbweißmehl (Type 812)
80 g flüssiger Schmelzkäse im Becher
3½ TL Trockensauerteig
2 TL Salz
2 TL Zucker
1½ EL Olivenöl oder Butter
1 TL Zitronensaft
1½ TL Kümmel oder Kreuzkümmel
20 g Sesam
Fm 1 = 320 ml · Fm 2 = 340 ml · Fm 3 = 360 ml

Vorhergehende Doppelseite: Brot mit Käse, Kümmel und Sesam, Sardinenbrot; gegenüberliegende Seite: Zwiebelbrot mit Käse und Senf

Französisches Fladenbrot

Programm »Kneten«, »Teig« oder »Pizzateig«

FÜR 2 FLADENBROTE ODER 1 GROSSES BLECH

140 ml Milch
2 verquirlte Eier
450 g Weißmehl (Type 550)
1½ TL Instanthefe
1 TL Salz
90 g Butter
Fm 1 = 140 ml · Fm 2 = 155 ml · Fm 3 = 170 ml

BELAG

200 g Greyerzer oder Comté, gewürfelt
30 g Butter, gewürfelt
50 g Crème fraîche

ZUBEREITUNG

Den dank der Butter ziemlich weichen Teig nach Programmende aus dem Brotbehälter nehmen und ein Blech oder eine runde Backform damit auslegen. Den Teig mit der Crème fraîche bestreichen, mit den Käsewürfeln bestreuen und, vor Zugluft geschützt, etwa 30 Minuten gehen lassen. Den Fladen mit Butterwürfeln bestreuen und im auf 200 Grad vorgeheizten Ofen 20 Minuten backen. Herausnehmen, sobald die Oberseite schön goldbraun ist.
Für 2 Brote den Teig halbieren und die eine Hälfte im Kühlschrank lagern, während die andere Hälfte wie beschrieben geformt, gehen gelassen und gebacken wird. Dann mit der zweiten Hälfte ebenso verfahren.

TIPP

Dieses Fladenbrot aus der Franche-Comté lässt sich sehr gut einfrieren. Schneiden Sie es dazu in Vierecke, die dann schnell im Ofen aufgebacken werden können.

Karottenbrot mit Senf und Kreuzkümmel

Programm »Weißbrot« oder »Standard«

FÜR 650 GRAMM BROT

70 ml Karottensaft
1 verquirltes Ei
175 g Brotmehl oder Halbweißmehl (Type 812)
95 g Weißmehl (Type 550)
2 TL Trockensauerteig
1 TL Salz
1 TL Rohzucker
1 EL Senf
80 g geriebene Karotten
10 g Butter
1 EL Kreuzkümmel
Fm 1 = 70 ml · Fm 2 = 80 ml · Fm 3 = 90 ml

FÜR 750 GRAMM BROT

110 ml Karottensaft
1 verquirltes Ei
225 g Brotmehl oder Halbweißmehl (Type 812)
125 g Weißmehl (Type 550)
2½ TL Trockensauerteig
1½ TL Salz
1 TL Rohzucker
1 EL Senf
100 g geriebene Karotten
10 g Butter
1 EL Kreuzkümmel
Fm 1 = 110 ml · Fm 2 = 120 ml · Fm 3 = 130 ml

FÜR 1 KILO BROT

170 ml Karottensaft
1 verquirltes Ei
300 g Brotmehl oder Halbweißmehl (Type 812)
150 g Weißmehl (Type 550)
2½ TL Trockensauerteig
1½ TL Salz
1 TL Rohzucker
1 EL Senf
150 g geriebene Karotten
10 g Butter
1 EL Kreuzkümmel
Fm 1 = 160 ml · Fm 2 = 170 ml · Fm 3 = 180 ml

TIPP

Da der Wassergehalt der Karotten variieren kann, den Teig während des Knetvorgangs gut beobachten und je nach Konsistenz noch etwas Mehl oder Wasser hinzufügen.

Brot mit Pesto

Programm »Weißbrot« oder »Standard«

FÜR 600 GRAMM BROT

190 ml Wasser
250 g Weißmehl (Type 550)
100 g Graubrotmehl oder Ruchmehl (Type 1050)
2 TL Trockensauerteig
1 TL Salz
50 g Pesto
1 TL Zitronensaft
Fm 1 = 190 ml · Fm 2 = 200 ml · Fm 3 = 210 ml

FÜR 750 GRAMM BROT

260 ml Wasser
310 g Weißmehl (Type 550)
140 g Graubrotmehl oder Ruchmehl (Type 1050)
2½ TL Trockensauerteig
1½ TL Salz
60 g Pesto
1 TL Zitronensaft
Fm 1 = 260 ml · Fm 2 = 270 ml · Fm 3 = 285 ml

FÜR 1 KILO BROT

340 ml Wasser
420 g Weißmehl (Type 550)
180 g Graubrotmehl oder Ruchmehl (Type 1050)
3½ TL Trockensauerteig
2 TL Salz
70 g Pesto
1 TL Zitronensaft
Fm 1 = 340 ml · Fm 2 = 360 ml · Fm 3 = 380 ml

Vorhergehende Doppelseite: Karottenbrot mit Senf und Kreuzkümmel, Brot mit Pesto; gegenüberliegende Seite: französisches Fladenbrot

Pizzateig

Programm »Kneten«, »Teig« oder
Programm »Pizzateig«

FÜR 1 MITTELGROSSE PIZZA

210 ml Wasser
350 g Weißmehl (Type 550)
1 TL Instanthefe oder 2 TL Trockensauerteig
1 TL Salz
1 TL Zucker
2 EL Olivenöl
Fm 1 = 210 ml · Fm 2 = 220 ml · Fm 3 = 230 ml

FÜR 1 GROSSE ODER 2 MITTELGROSSE PIZZAS

270 ml Wasser
450 g Weißmehl (Type 550)
1½ TL Instanthefe oder 2½ TL Trockensauerteig
1½ TL Salz
1 TL Zucker
3 EL Olivenöl
Fm 1 = 270 ml · Fm 2 = 285 ml · Fm 3 = 300 ml

ZUBEREITUNG

Nach Programmende den Teig aus dem Brotbehälter nehmen und auf einem Blech auslegen. Mit Tomatensauce bestreichen und nach Geschmack belegen. Die Pizza im auf 230 Grad vorgeheizten Ofen 15 bis 20 Minuten backen.

TIPP

Die Pizza sofort nach dem Backen verzehren oder einfrieren. Dazu eine große rechteckige Pizza backen, in Portionenstücke schneiden und einzeln einfrieren. Diese Portionenstücke eignen sich bestens für ein Picknick, für das Mittagessen im Büro oder auch für den kleinen Hunger zwischendurch. Sie lassen sich sehr schnell wieder auftauen und müssen dann lediglich einige Minuten im Ofen aufgebacken werden.

VARIANTE

Für mehr Geschmack können Sie das Olivenöl durch ein aromatisiertes Öl (Zitronenöl, Basilikumöl usw.) ersetzen. Sie können auch ein anderes Mehl verwenden, z.B. Graubrotmehl oder Ruchmehl (Type 1050).

Nussbrot mit Blauschimmelkäse

Programm »Weißbrot« oder »Standard«

FÜR 600 GRAMM BROT

210 ml Wasser
300 g Weißmehl (Type 550)
50 g Roggenmehl
2 TL Trockensauerteig
1 TL Salz
1 TL Zucker
1 TL Olivenöl oder Butter
1 TL Zitronensaft
40 g Blauschimmelkäse
25 g Walnüsse
Fm 1 = 210 ml · Fm 2 = 220 ml · Fm 3 = 230 ml

FÜR 750 GRAMM BROT

270 ml Wasser
380 g Weißmehl (Type 550)
70 g Roggenmehl
2½ TL Trockensauerteig
1½ TL Salz
1 TL Zucker
1 TL Olivenöl oder Butter
1 TL Zitronensaft
50 g Blauschimmelkäse
30 g Walnüsse
Fm 1 = 270 ml · Fm 2 = 285 ml · Fm 3 = 300 ml

FÜR 1 KILO BROT

360 ml Wasser
510 g Weißmehl (Type 550)
90 g Roggenmehl
3½ TL Trockensauerteig
2 TL Salz
1 TL Zucker
1½ TL Olivenöl oder Butter
1 TL Zitronensaft
70 g Blauschimmelkäse
40 g Walnüsse
Fm 1 = 360 ml · Fm 2 = 380 ml · Fm 3 = 400 ml

TIPPS

Kontrollieren Sie die Teigkonsistenz: Wenn sie zu weich ist, noch etwas Mehl (jeweils Mengen von 10 g) hinzufügen
Es eignet sich jede Art von Blauschimmelkäse, z.B. Roquefort oder Gorgonzola.

Focaccia

Programm »Kneten«, »Teig« oder »Pizzateig«

FÜR 4 GROSSE FLADEN

270 ml Wasser
450 g Weißmehl (Type 550)
2½ TL Trockensauerteig
1½ TL Salz
Fm 1 = 270 ml · Fm 2 = 285 ml · Fm 3 = 300 ml

BELAG

Olivenöl, Knoblauch, Basilikum, getrocknete Tomaten, grüne oder schwarze Oliven, Pfefferschoten usw.

ZUBEREITUNG

Den Teig nach Programmende aus dem Brotbehälter nehmen und auf einem Blech zu einem Oval ausziehen. Mit dem Finger in regelmäßigen Abständen Löcher (fast bis aufs Blech) in den Teig drücken. Die Löcher mit Olivenöl füllen und den Teig 40 Minuten gehen lassen. Dann fein geschnittenen Knoblauch, Basilikum, kleine Stückchen von getrockneten Tomaten, grünen oder schwarzen Oliven, Pfefferschoten usw. in die Vertiefungen verteilen. Die Focaccia in den auf 220 Grad vorgeheizten Ofen schieben und 20 Minuten backen. Wenn die Oberfläche zu schnell bräunt, mit Alufolie abdecken. Focaccia schmeckt genau wie Pizza am besten frisch aus dem Ofen, sie lässt sich aber auch gut einfrieren und wieder kurz aufbacken.

Brot mit getrockneten Tomaten, Ziegenkäse und Oliven

Programm »Kneten«, »Teig« oder »Pizzateig«

FÜR 600 GRAMM BROT

210 ml Wasser
270 g Weißmehl (Type 550)
50 g Vollkornmehl (ab Type 1700)
30 g Roggenmehl
2 TL Trockensauerteig
1 TL Salz
1 TL Zitronensaft
20 g getrocknete Tomaten
40 g Ziegenkäse, in Stücke geschnitten
10 grüne und schwarze entsteinte Oliven
Fm 1 = 210 ml · Fm 2 = 220 ml · Fm 3 = 235 ml

FÜR 750 GRAMM BROT

270 ml Wasser
350 g Weißmehl (Type 550)
60 g Vollkornmehl (ab Type 1700)
40 g Roggenmehl
2½ TL Trockensauerteig
1½ TL Salz
1 TL Zitronensaft
25 g getrocknete Tomaten
50 g Ziegenkäse, in Stücke geschnitten
10 grüne und schwarze entsteinte Oliven
Fm 1 = 270 ml · Fm 2 = 285 ml · Fm 3 = 300 ml

FÜR 1 KILO BROT

360 ml Wasser
470 g Weißmehl (Type 550)
80 g Vollkornmehl (ab Type 1700)
50 g Roggenmehl
3½ TL Trockensauerteig
2 TL Salz
1 TL Zitronensaft
35 g getrocknete Tomaten
70 g Ziegenkäse, in Stücke geschnitten
14 grüne und schwarze entsteinte Oliven
Fm 1 = 360 ml · Fm 2 = 380 ml · Fm 3 = 400 ml

ZUBEREITUNG

Den Teig nach Programmende aus dem Brotbehälter nehmen und auf der bemehlten Arbeitsfläche zu einem Oval ausziehen. Den Teig mit Tomaten, Käsestückchen und den entsteinten Oliven belegen und zu einem Brot zusammenschlagen. In einem Brotkorb oder auf einem Blech gehen lassen. Die Oberseite des Brotes einschneiden und das Brot im auf 220 Grad vorgeheizten Ofen 30 Minuten backen. Herausnehmen und auf einem Gitter auskühlen lassen.

Grissini

Programm »Kneten«, »Teig« oder »Pizzateig«

Für 40 STÜCK

90 ml Bier und 70 ml Wasser
200 g Weißmehl (Type 550)
100 g Brotmehl oder Halbweißmehl (Type 812)
1 TL Instanthefe
1 TL Salz
Fm 1 = 90 ml = 70 ml · Fm 2 = 100 ml + 70 ml · Fm 3 = 110 ml + 70 ml

BELAG

Kümmel, grobes Salz, Sesam, gemahlener Kreuzkümmel, geriebener Käse usw.

ZUBEREITUNG

Den Teig nach dem Programmende aus dem Brotbehälter nehmen und in Stücke von jeweils 10 g teilen. Diese zu dünnen, etwa 20 bis 30 cm langen Stangen rollen, mit Wasser bepinseln und unter leichtem Druck in Kümmel, grobem Salz, Sesam, Kreuzkümmel oder geriebenem Käse rollen. Die Grissini 15 Minuten, vor Zugluft geschützt, ruhen lassen, dann in den auf 200 Grad vorgeheizten Ofen schieben und ungefähr 20 Minuten backen. Darauf achten, dass sie nicht zu dunkel werden. Die Grissini am besten kurz nach ihrer Herstellung genießen, bei längerer Lagerung werde sie weich.

Vorhergehende Doppelseite: Brot mit getrockneten Tomaten, Ziegenkäse und Oliven, Focaccia; gegenüberliegende Seite: Grissini

Schwedenbrot aus der Pfanne

Programm »Pizzateig« (kurz)

FÜR 8 BROTFLADEN

1 Becher Joghurt, mit Wasser auf 285 ml ergänzt
1 TL Zitronensaft
380 g Weißmehl (Type 550)
70 g Roggenmehl
3 EL Trockensauerteig
1½ TL Salz
15 g Zucker
1 EL Anis-, Kümmel- oder Fenchelkörner, nach Geschmack (fakultativ)

Fm 1 = 285 ml · Fm 2 = 300 ml · Fm 3 = 315 ml

ZUBEREITUNG

Den Teig nach Programmende aus dem Brotbehälter nehmen und in einer Schüssel 10 Minuten in den Kühlschrank stellen (so lässt sich der Teig dann leichter ausrollen). Den Teig 2 bis 3 mm dick ausrollen und daraus runde Scheiben in der Größe einer kleinen Bratpfanne ausschneiden. Den Teig mit einer Gabel einstechen. Die Teigfladen vorsichtig auf ein bemehltes Brett legen und, vor Zugluft geschützt, 30 Minuten bei Raumtemperatur gehen lassen.
Die Teigfladen in der Pfanne ohne Fettzugabe bei kleiner Hitze auf jeder Seite einige Minuten ausbacken. Vor dem Belegen abkühlen lassen.

Tipp

Diese Brote müssen schnell verzehrt werden. Sie können nach dem Abkühlen aber auch eingefroren werden.

Gefülltes Brot mit Spinat und Feta

Programm »Kneten« oder »Teig«

FÜR 600 GRAMM BROT

190 ml Wasser
350 g Graubrotmehl oder Ruchmehl (Type 1050) oder Vollkornmehl (ab Type 1700)
2½ TL Instanthefe
1 TL Salz
1 TL Zucker
1 EL Olivenöl
Fm 1 = 190 ml · Fm 2 = 200 ml · Fm 3 = 210 ml

FÜLLUNG

250 g Tiefkühlspinat, gekocht, gut abgetropft und ausgedrückt
80 g Feta, in kleinen Stücken
1 Prise Muskatnuss
Pfeffer aus der Mühle

ZUBEREITUNG

Den Teig nach Programmende aus dem Brotbehälter nehmen und auf einem bemehlten Brett zu einem Rechteck ausziehen. Mit dem gekochten und gut ausgedrückten Spinat belegen, den Feta daraufgeben und mit Muskatnuss und Pfeffer bestreuen. Den Teig zu einer Wurst einrollen und der Länge nach leicht einschneiden. Den Teig an einigen Stellen auseinanderziehen und an anderen zusammendrücken. 15 Minuten gehen lassen. Das Brot in den auf 200 Grad vorgeheizten Ofen schieben und 30 Minuten backen.

Baguette, gefüllt mit Champignons, Knoblauch und Petersilie

Programm »Kneten« oder »Teig«

FÜR 4 BAGUETTES

360 ml Wasser
350 g Brotmehl oder Halbweißmehl (Type 812)
150 g Graubrotmehl oder Ruchmehl (Type 1050)
100 g Dinkelmehl
3 TL Trockensauerteig
2 TL Salz
1 EL Olivenöl
1 TL Zitronensaft
Fm 1 = 360 ml · Fm 2 = 380 ml · Fm 3 = 400 ml

FÜLLUNG

500 g Champignons, in Scheiben geschnitten
2 EL Olivenöl
3 Knoblauchzehen, gehackt
2 EL gehackte glattblättrige Petersilie

ZUBEREITUNG

Die Champignons in einer Pfanne braten, bis die abgegebene Flüssigkeit vollständig verdampft ist. Olivenöl, Knoblauch und Petersilie hinzufügen und alles einige Minuten weiterdünsten. Beiseitestellen.
Den Teig nach Programmende aus dem Brotbehälter nehmen und in 4 Portionen teilen. Zu Baguettebroten formen (siehe Seite 16): Dazu den Teig jeweils zu einem Rechteck ausziehen, zur Hälfte zusammenschlagen, erneut flachdrücken und die Champignons darauf verteilen, dabei einen Rand frei lassen. Den Teig wieder zur Hälfte zusammenschlagen und die Ränder festdrücken. An einem vor Zugluft geschützten Ort 20 Minuten ruhen lassen. Die Baguettes an der Oberseite leicht einritzen und im auf 220 Grad vorgeheizten Ofen 25 bis 30 Minuten backen. Sobald sie schön goldbraun gebacken sind, die Baguettes aus dem Ofen nehmen.

Baguette, gefüllt mit Parmesan und Salbei

Programm »Kneten« oder »Teig«

FÜR 4 BAGUETTES

360 ml Wasser
400 g Brotmehl oder Halbweißmehl (Type 812)
130 g Weißmehl (Type 550)
70 g Roggenmehl
3 TL Trockensauerteig
2 TL Salz
1 EL Olivenöl
1 TL Zitronensaft
Fm 1 = 360 ml · Fm 2 = 380 ml · Fm 3 = 400 ml

FÜLLUNG

40 g Parmesan, gerieben
3 große frische Salbeiblätter, sehr fein geschnitten
1 EL Olivenöl
Pfeffer aus der Mühle

ZUBEREITUNG

Die Zutaten zur Füllung mischen und beiseitestellen.
Den Teig nach Programmende aus dem Brotbehälter nehmen und in 4 Portionen teilen. Zu Baguettebroten formen und füllen, wie oben beschrieben. Die Brote, vor Zugluft geschützt, 20 Minuten ruhen lassen. Die Baguettes an der Oberseite leicht einritzen und im auf 220 Grad vorgeheizten Ofen 25 bis 30 Minuten backen.

Vorhergehende Doppelseite: Baguette, gefüllt mit Champignons, Knoblauch und Petersilie; Baguette, gefüllt mit Parmesan und Salbei; gegenüberliegende Seite: gefülltes Brot mit Spinat und Feta

BROTE FÜR ZWISCHENDURCH

Wiener Baguette

Programm »Kneten« oder »Teig«

FÜR 4 BAGUETTES

360 ml Milch
600 g Weißmehl (Type 550)
3 TL Trockensauerteig
2 TL Salz
25 g Butter
25 g Zucker
1 TL Zitronensaft

Fm 1 = 360 ml · Fm 2 = 380 ml · Fm 3 = 400 ml

ZUBEREITUNG

Den Teig nach Programmende aus dem Brotbehälter nehmen und daraus 4 Baguettebrote formen (siehe Seite 16). Dazu den Teig zu einem Rechteck ausziehen, der Länge nach zur Hälfte zusammenschlagen, die Ränder mit den Fingern festdrücken und den Vorgang noch zweimal wiederholen. Den Teig etwas hin und her rollen, die Teignaht ist dabei unten. Die Baguettes auf einem Blech mit einem leicht angefeuchteten, bemehlten Tuch bedeckt 30 Minuten gehen lassen. Die Brote ungefähr zehn Mal schräg einschneiden. In dem auf 220 Grad vorgeheizten Ofen 20 Minuten backen. Sobald sie schön goldbraun gebacken sind, die Baguettes aus dem Ofen nehmen.

Rosinenbrot mit Apfel und Kokosnuss

Programm »Weißbrot« oder »Standard«

FÜR 600 GRAMM BROT

80 ml Milch und 120 ml Wasser
50 g geriebener Apfel
350 g Brotmehl oder Halbweißmehl (Type 812)
2 TL Trockensauerteig
1 TL Salz
10 g Butter
1 EL Rohzucker
1 TL Zitronensaft
10 g Mohn
25 Kokosraspel
30 g Rosinen

Fm 1 = 80 ml + 120 ml · Fm 2 = 85 ml + 125 ml · Fm 3 = 90 ml + 130 ml

FÜR 750 GRAMM BROT

100 ml Milch und 160 ml Wasser
60 g geriebener Apfel
450 g Brotmehl oder Halbweißmehl (Type 812)
2½ TL Trockensauerteig
1½ TL Salz
15 g Butter
1 EL Rohzucker
1 TL Zitronensaft
10 g Mohn
30 Kokosraspel
40 g Rosinen

Fm 1 = 100 ml + 160 ml · Fm 2 = 110 ml + 160 ml · Fm 3 = 120 ml + 165 ml

FÜR 1 KILO BROT

130 ml Milch und 210 ml Wasser
70 g geriebener Apfel
600 g Brotmehl oder Halbweißmehl (Type 812)
3½ TL Trockensauerteig
2 TL Salz
20 g Butter
1 EL Rohzucker
1 TL Zitronensaft
15 g Mohn
40 g Kokosraspel
50 g Rosinen

Fm 1 = 130 ml + 210 ml · Fm 2 = 140 ml + 220 ml · Fm 3 = 150 ml + 230 ml

ZUBEREITUNG

Den geriebenen Apfel zusammen mit der leicht erwärmten Flüssigkeit in den Brotbehälter geben. Mohn und Kokosraspel zusammen mit dem Mehl beigeben. Die Rosinen beim Signalton am Ende des Knetvorgangs hinzufügen.

Honig-Orangen-Brot

Programm »Weißbrot« oder »Französisches Brot«

FÜR 600 GRAMM BROT

210 ml Flüssigkeit, halb Wasser, halb Orangensaft
25 g zerlassene Butter
350 g Weißmehl (Type 550)
2 TL Trockensauerteig
1 TL Salz
30 g Honig
1 TL Zitronensaft
15 g kandierte Orangenschale

Fm 1 = 210 ml · Fm 2 = 220 ml · Fm 3 = 230 ml

FÜR 750 GRAMM BROT

270 ml Flüssigkeit, halb Wasser, halb Orangensaft
30 g zerlassene Butter
450 g Weißmehl (Type 550)
2½ TL Trockensauerteig
1½ TL Salz
40 g Honig
1 TL Zitronensaft
20 g kandierte Orangenschale

Fm 1 = 270 ml · Fm 2 = 285 ml · Fm 3 = 300 ml

FÜR 1 KILO BROT

360 ml Flüssigkeit, halb Wasser, halb Orangensaft
40 g zerlassene Butter
600 g Weißmehl (Type 550)
3½ TL Trockensauerteig
2 TL Salz
50 g Honig
1 TL Zitronensaft
30 g kandierte Orangenschale

Fm 1 = 360 ml · Fm 2 = 380 ml · Fm 3 = 400 ml

ZUBEREITUNG

Die zerlassene Butter zusammen mit der Flüssigkeit in den Brotbehälter geben. Die kandierte Orangenschale beim Signalton am Ende des Knetvorgangs hinzufügen.

Früchtebrot

Programm »Vollkornbrot« oder Schnellprogramm »Vollkornbrot«

FÜR 600 GRAMM BROT

190 ml Wasser und 20 ml Milch
265 g Brotmehl oder Halbweißmehl (Type 812)
60 g Roggenmehl
25 g Kastanienmehl
2 TL Trockensauerteig
1 TL Salz
10 g Butter
2 TL Rohzucker
je 15 g Haselnüsse, Mandeln, Rosinen
3 EL Fünfkornflocken oder Müsliflocken

Fm 1 = 190 ml + 20 ml · Fm 2 = 195 ml + 25 ml · Fm 3 = 200 ml + 30 ml

FÜR 750 GRAMM BROT

240 ml Wasser und 30 ml Milch
340 g Brotmehl oder Halbweißmehl (Type 812)
80 g Roggenmehl
30 g Kastanienmehl
2½ TL Trockensauerteig
1½ TL Salz
15 g Butter
2 TL Rohzucker
je 20 g Haselnüsse, Mandeln, Rosinen
4 EL Fünfkornflocken oder Müsliflocken

Fm 1 = 240 ml + 30 ml · Fm 2 = 250 ml + 35 ml · Fm 3 = 260 ml + 40 ml

FÜR 1 KILO BROT

320 ml Wasser und 40 ml Milch
450 g Brotmehl oder Halbweißmehl (Type 812)
110 g Roggenmehl
40 g Kastanienmehl
3½ TL Trockensauerteig
2 TL Salz
20 g Butter
3 TL Rohzucker
je 30 g Haselnüsse, Mandeln, Rosinen
5 EL Fünfkornflocken oder Müsliflocken

Fm 1 = 320 ml + 40 ml · Fm 2 = 330 ml + 50 ml · Fm 3 = 340 ml + 60 ml

ZUBEREITUNG

Die Flocken und die Trockenfrüchte beim Signalton am Ende des Knetvorgangs hinzufügen.

Vorhergehende Doppelseite: Rosinenbrot mit Apfel und Kokosnuss, Früchtebrot; gegenüberliegende Seite: Honig-Orangen-Brot

Süßes Brot mit Konfitüre

Programm »Süßes Brot«

FÜR 600 GRAMM BROT

130 ml Milch
1 verquirltes Ei
350 g Auszugsmehl (Type 405)
1 TL Salz
1 TL Instanthefe
60 g Butter
1 TL Zitronensaft
120 g Kirschenkonfitüre
Fm 1 = 130 ml · Fm 2 = 140 ml · Fm 3 = 150 ml

FÜR 750 GRAMM BROT

180 ml Milch
1 verquirltes Ei
450 g Auszugsmehl (Type 405)
1½ TL Salz
1½ TL Instanthefe
70 g Butter
1 TL Zitronensaft
130 g Kirschenkonfitüre
Fm 1 = 180 ml · Fm 2 = 195 ml · Fm 3 = 210 ml

ZUBEREITUNG

Die Kirschenkonfitüre beim Signalton am Ende des Knetvorgangs hinzufügen und mit einem Spatel in den Teig einarbeiten, anschließend das Programm weiter ablaufen lassen und 15 Minuten vor Ende der Backzeit abbrechen. Das Brot herausnehmen, die Oberseite mit Wasser bestreichen und mit Puderzucker bestreuen.

Milchbrot mit Karotten, Rosinen und Kokosraspeln

Programm »Süßes Brot «

FÜR 600 GRAMM BROT

180 ml lauwarme Milch
270 g Weißmehl (Type 550)
80 g Vollkornmehl (ab Type 1700)
2 TL Trockensauerteig
1 TL Salz
1 TL Butter
1 TL Rohzucker
1 TL Zitronensaft
80 g rohe Karotten, gerieben
30 g Rosinen
30 g geraspelte Kokosnuss
Fm 1 = 180 ml · Fm 2 = 190 ml · Fm 3 = 200 ml

FÜR 750 GRAMM BROT

230 ml lauwarme Milch
350 g Weißmehl (Type 550)
100 g Vollkornmehl (ab Type 1700)
2½ TL Trockensauerteig
1½ TL Salz
1 TL Butter
1 TL Rohzucker
1 TL Zitronensaft
100 g rohe Karotten, gerieben
40 g Rosinen
40 g geraspelte Kokosnuss
Fm 1 = 230 ml · Fm 2 = 245 ml · Fm 3 = 260 ml

FÜR 1 KILO BROT

310 ml lauwarme Milch
470 g Weißmehl (Type 550)
130 g Vollkornmehl (ab Type 1700)
3½ TL Trockensauerteig
2 TL Salz
1½ TL Butter
1½ TL Rohzucker
1 TL Zitronensaft
130 g rohe Karotten, gerieben
50 g Rosinen
50 g geraspelte Kokosnuss
Fm 1 = 310 ml · Fm 2 = 330 ml · Fm 3 = 350 ml

ZUBEREITUNG

Rosinen und Kokosnussraspeln beim Signalton am Ende des Knetvorgangs hinzufügen.

VARIANTE

Für ein Brot zum Tee oder zum Kaffee können Sie etwas mehr Zucker verwenden und eine Prise Zimt hinzufügen.

Feigenbrot mit Haselnüssen

Programm »Weißbrot« oder »Standard«

FÜR 600 GRAMM BROT

210 ml Wasser
290 g Weißmehl (Type 550)
40 g Roggenmehl
2 TL Trockensauerteig
1 TL Salz
1 TL Zucker
1 EL Olivenöl oder Nussöl
50 g getrocknete Feigen
10 g Haselnüsse
Fm 1 = 210 ml · Fm 2 = 220 ml · Fm 3 = 230 ml

FÜR 750 GRAMM BROT

270 ml Wasser
390 g Weißmehl (Type 550)
60 g Roggenmehl
2½ TL Trockensauerteig
1½ TL Salz
2 TL Zucker
1 EL Olivenöl oder Nussöl
70 g getrocknete Feigen
20 g Haselnüsse
Fm 1 = 270 ml · Fm 2 = 285 ml · Fm 3 = 300 ml

FÜR 1 KILO BROT

360 ml Wasser
520 g Weißmehl (Type 550)
80 g Roggenmehl
3½ TL Trockensauerteig
2 TL Salz
3 TL Zucker
1½ EL Olivenöl oder Nussöl
90 g getrocknete Feigen, zerkleinert
25 g Haselnüsse
Fm 1 = 360 ml · Fm 2 = 380 ml · Fm 3 = 400 ml

ZUBEREITUNG

Feigen und Haselnüsse beim Signalton am Ende des Knetvorgangs hinzufügen.

Vorhergehende Doppelseite: Milchbrot mit Karotten, Rosinen und Kokosraspeln, Feigenbrot mit Haselnüssen; gegenüberliegende Seite: süßes Brot mit Konfitüre

Schokoladen-Blätterteigbrötchen

Programm »Kneten«, »Teig« oder »Pizzateig«

FÜR 12 BRÖTCHEN

260 ml Milch
450 g Auszugsmehl (Type 405)
1 TL Instanthefe
1 TL Salz
10 g Butter
40 g Zucker
1 TL Zitronensaft
Fm 1 = 260 ml · Fm 2 = 275 ml · Fm 3 = 290 ml

150 g Butter, weich
12 Schokoladenstangen oder -stückchen
1 verquirltes Ei

ZUBEREITUNG

Den Teig nach Programmende aus dem Brotbehälter nehmen und in einer Schüssel 30 Minuten im Kühlschrank ruhen lassen (er lässt sich dann leichter verarbeiten). Den Teig rechteckig ausrollen, die weiche Butter am Stück in die Mitte legen und den Teig zu jeweils einem Drittel darüberschlagen. Wieder 10 Minuten kühl stellen. Herausnehmen und nun um 90 Grad gedreht auf die Arbeitsfläche legen. Den Teig wieder zu einem Rechteck ausrollen und erneut dreimal einschlagen (nun hat man ein Viereck). Wieder 10 Minuten kühl stellen. Herausnehmen und den vorangegangenen Arbeitsschritt wiederholen. Dies insgesamt dreimal durchführen (mit jeweils 10 Minuten Kühlzeit dazwischen), dann ist der Blätterteig fertig.
Den Teig in Streifen schneiden und diese, ohne sie zu sehr zu drücken, um kleine Schokoladenstangen (oder Schokoladenstückchen) wickeln. Die Schokoladenbrötchen, vor Luftzug geschützt, bei Raumtemperatur 1 Stunde gehen lassen. Die Oberseite mit verquirltem Ei bestreichen und die Brötchen im auf 220 Grad vorgeheizten Ofen 20 Minuten backen.

Panettone

Programm »Süßes Brot«

FÜR 6 PERSONEN

Bereiten Sie am Vortag den Vorteig zu: 100 g Weißmehl (Type 550) mit 100 ml lauwarmer Milch und 1 Prise Instanthefe mischen.

Den Vorteig am nächsten Tag in den Brotbackautomaten geben und folgende Zutaten hinzufügen:
2 ganze verquirlte Eier
250 g Auszugsmehl (Type 405)
1 TL Instanthefe
½ TL Salz
60 g Butter
40 g Zucker
1 Päckchen Vanillezucker
40 g Rosinen
40 g gemischte kandierte Früchte
abgeriebene Schale von 1 Zitrone und 1 Orange

Die ganze Flüssigkeit kommt in den Vorteig. Wenn Sie üblicherweise mit Fm 2 oder Fm 3 arbeiten, fügen Sie dem Teig etwas Milch hinzu, wenn er Ihnen zu trocken erscheint.

Leichte Joghurt-Brioche

Programm »Süßes Brot«

FÜR 1 BRIOCHE FÜR 6 PERSONEN

80 ml Milch
1 verquirltes Ei
350 g Auszugsmehl (Type 405)
50 g Joghurt
1 TL Instanthefe
½ TL Salz
20 g Butter
20 g Zucker
1 Päckchen Vanillezucker
2 EL Orangenblütenwasser
1 TL Zitronensaft
Fm 1 = 80 ml · Fm 2 = 90 ml · Fm 3 = 100 ml

VARIANTEN

Die Brioche nach dem Abkühlen mit einem Guss überziehen: Dazu Puderzucker mit etwas Zitronensaft zu einer dicken streichfähigen Masse verrühren und die Oberseite der Brioche damit bestreichen. Beim Trocknen wird der Guss weiß.
Orangenblütenwasser kann durch Kirschwasser oder Rum ersetzt werden.
Am Ende des Knetvorgangs kann man Rosinen hinzufügen.

Vorhergehende Doppelseite: Panettone, leichte Joghurt-Brioche; gegenüberliegende Seite: Schokoladen-Blätterteigbrötchen

Gefülltes Hefefladenbrot »Fouace«

Programm »Kneten«, »Teig« oder »Pizzateig«

FÜR 1 GROSSES FLADENBROT (FÜR 8 PERSONEN)

Bereiten Sie am Vortag einen Vorteig zu:
150 g Auszugsmehl (Type 405) mit
150 ml lauwarmer Milch und 1 Prise
Instanthefe mischen.

Den Vorteig am nächsten Tag in den Brotbackautomaten geben und folgende Zutaten hinzufügen:
2 verquirlte Eier
300 g Auszugsmehl (Type 405)
½ TL Instanthefe
1 TL Salz
120 g Butter
45 g Zucker
2 Päckchen Vanillezucker
2 EL Orangenblütenwasser
1 TL Zitronensaft

Fm 1 und Fm 2 = 150 ml für den Vorteig
Fm 3 = 150 ml für den Vorteig + 15 ml

FÜLLUNG

je 50 g kandierte Orangen und Zitronen
oder 100 g gemischte kandierte Früchte

1 Eigelb
10 g Hagelzucker zum Bestreuen

ZUBEREITUNG

Wenn Ihnen der Teig zu trocken erscheint, fügen Sie etwas Flüssigkeit hinzu.
Die kandierten Früchte beim Signalton am Ende des Knetvorgangs hinzufügen.
Bei Programmende den Teig aus dem Brotbehälter nehmen und einen großen Fladen mit einem Loch in der Mitte formen (das Loch schließt sich beim Gehenlassen und Backen). An einem vor Zugluft geschützten Ort mindestens 1 Stunde gehen lassen. Das Eigelb mit etwas Wasser verrühren und die Teigoberfläche damit bestreichen, anschließend mit Hagelzucker bestreuen. In den auf 200 Grad vorgeheizten Backofen schieben, die Temperatur auf 180 Grad reduzieren und den Fladen etwa 30 Minuten backen.

TIPP

Sie können den Teigfladen auch in einer gefetteten und gut bemehlten Savarinform gehen lassen.

VARIANTEN

Das Orangenblütenwasser durch Anislikör ersetzen.
Die Oberseite mit kandierten Früchten dekorieren; diese gut festdrücken, damit sie nicht abfallen.
Den Fladen anstelle des Eigelbs mit kaltem Kaffee bestreichen.

Brioche-Zopf

Programm »Kneten«

FÜR 2 ZÖPFE

Bereiten Sie am Vortag den Vorteig zu:
150 g Auszugsmehl (Type 405) mit
150 ml Milch und 1 Prise Instanthefe mischen.

Den Vorteig am nächsten Tag in den Brotbackautomaten geben und folgende Zutaten hinzufügen:
3 Eigelb
1 TL Zitronensaft
Vanillekonzentrat
260 g Auszugsmehl (Type 405)
½ TL Instanthefe
1 TL Salz
70 g Butter
30 g Zucker + 2 Päckchen Vanillezucker
Fm 1 und Fm 2 = 150 ml für den Vorteig
Fm 3 = 150 ml für den Vorteig + 15 ml

ZUBEREITUNG

Die Teigkonsistenz überprüfen, sie sollte dank der Butter weicher sein als für Brotteig.
Den Teig nach Programmende aus dem Brotbehälter nehmen und in 6 gleich große Portionen teilen. Diese zu Rollen formen und auf einem Blech zu 2 lockeren Zöpfen flechten (siehe Seite 19). Diese an einem vor Zugluft geschützten Ort 40 Minuten gehen lassen. In den auf 200 Grad vorgeheizten Ofen schieben, die Temperatur auf 180 Grad reduzieren und 20 Minuten backen. Den Backvorgang gut überwachen, da die Zöpfe schnell braun werden!

VARIANTEN

Die Zöpfe vor dem Backen mit Hagelzucker bestreuen.
Dieser Zopfteig hat einen sehr milden Geschmack. Man kann ihn für ein ganz besonderes Aroma mit Orangenblüten- oder Rosenwasser parfümieren. Sie können aber auch andere Gewürze, Trockenfrüchte, kandierte Früchte, Kardamom, Ingwer, Datteln usw. verwenden.

Wenn Sie diese Zöpfe ohne Vorteig herstellen möchten, geben Sie Flüssigkeit und Mehl gleichzeitig in den Behälter und fügen etwas mehr Hefe hinzu. Die Brotkrume wird dann etwas weniger fein.

Brioche mit Streusel

Programm »Süßes Brot«

FÜR 1 BRIOCHE FÜR 6 PERSONEN

130 ml Milch
1 verquirltes Ei
350 g Auszugsmehl (Type 405)
1 TL Instanthefe
1 TL Salz
70 g Butter
60 g Zucker + 1 Päckchen Vanillezucker
Fm 1 = 130 ml · Fm 2 = 140 ml · Fm 3 = 150 ml

STREUSEL

40 g Butter
40 g Zucker
40 g gemahlene Mandeln
30 g Mehl
1 Prise Zimt

ZUBEREITUNG

Alle Teigzutaten in den Brotbehälter geben und das Programm starten. Inzwischen die Zutaten für die Streusel in einer Schüssel zu einer krümeligen Masse mischen. Die Streusel vor dem Beginn des Backvorgangs, sobald der Teig aufgegangen ist, auf die Oberseite der Brioche streuen und leicht festdrücken, damit sie nicht abfallen.

Brioche mit kandierter Orangenschale

Programm »Süßes Brot«

FÜR 1 BRIOCHE FÜR 6 PERSONEN

120 ml Milch
2 Eigelb
350 g Auszugsmehl (Type 405)
1 TL Instanthefe
1 TL Salz
80 g Butter
40 g Zucker
1 Päckchen Vanillezucker
1 TL Zitronensaft
1 EL Cointreau
50 g kandierte Orangenschale
Fm 1 = 120 ml · Fm 2 = 130 ml · Fm 3 = 140 ml

ZUBEREITUNG

Die kandierte Orangenschale beim Signalton am Ende des Knetvorgangs hinzufügen. Den Backvorgang 15 Minuten vor Programmende stoppen.

Rosinenbrioche mit Kardamom

Programm »Süßes Brot«

FÜR 1 BRIOCHE FÜR 6 PERSONEN

130 ml Milch
2 Eigelb
375 g Auszugsmehl (Type 405)
1 TL Instanthefe
1 TL Salz
80 g Butter in kleinen Stücken
2 EL Rohzucker
2 Päckchen Vanillezucker
2 EL Orangenblütenwasser
50 g Rosinen
1 Prise Kardamom
Fm 1 = 130 ml · Fm 2 = 140 ml · Fm 3 = 150 ml

ZUBEREITUNG

Die Rosinen beim Signalton am Ende des Knetvorgangs hinzufügen. Den Backvorgang 15 Minuten vor Programmende stoppen.

 Vorhergehende Doppelseite: Brioche mit kandierter Orangenschale, Streuselbrioche; gegenüberliegende Seite: Rosinenbrioche mit Kardamom

Mandelbrioche

Programm »Süßes Brot«

FÜR 1 BRIOCHE FÜR 6 PERSONEN

130 ml Milch
1 EL Rum
2 Eigelb
350 g Auszugsmehl (Type 405)
1 TL Instanthefe
1 TL Salz
60 g Butter
40 g Zucker
1 Päckchen Vanillezucker
1 TL Zitronensaft
30 g Mandelblättchen
Fm 1 = 130 ml · Fm 2 = 135 ml · Fm 3 = 140 ml

ZUBEREITUNG

Die Teigkonsistenz überprüfen, sie muss weicher sein als für Brotteig.
Die Mandeln beim Signalton am Ende des Knetvorgangs hinzufügen. Den Backvorgang 15 Minuten vor Programmende stoppen.

VARIANTE

Die Milch durch Mandelmilch ersetzen.

Anisbrioche mit Absinth

Programm »Süßes Brot«

FÜR 1 BRIOCHE FÜR 6 PERSONEN

100 ml Milch
1 verquirltes Ei
350 g Auszugsmehl (Type 405)
1 TL Instanthefe
1 TL Salz
50 g Butter
40 g Zucker
1 Päckchen Vanillezucker
20 ml Absinth
1 TL Zitronensaft
2 EL Aniskörner

Fm 1 = 100 ml + 20 ml · Fm 2 = 110 ml + 20 ml·
Fm 3 = 120 ml + 20 ml

ZUBEREITUNG

Die Aniskörner beim Signalton am Ende des Knetvorgangs hinzufügen.

TIPP

Wenn Sie keinen Absinth zur Hand haben, können Sie ihn durch einen anderen anishaltigen Aperitif (z.B. Ricard oder Pastis) ersetzen. Falls Sie keinen Alkohol verwenden wollen, können Sie den Absinth durch ein alkoholfreies Anisgetränk ersetzen.

Heidelbeerbrioche

Programm »Süßes Brot«

FÜR 1 BRIOCHE FÜR 6 PERSONEN

100 ml Milch
60 g Butter, geschmolzen
2 Eigelb
350 g Auszugsmehl (Type 405)
1 TL Instanthefe
1 TL Salz
40 g Zucker
1 Päckchen Vanillezucker
100 g tiefgefrorene oder frische Heidelbeeren
1 EL Mehl
Schokoladentropfen (fakultativ)
Fm 1 = 100 ml · Fm 2 = 105 ml · Fm 3 = 110 ml

ZUBEREITUNG

Die geschmolzene Butter zusammen mit der Flüssigkeit in den Teigbehälter geben. Der Teig sollte ziemlich trocken sein. Nach dem Kneten (am Anfang des zweiten Gehenlassens) den Deckel des Backautomaten öffnen, die Heidelbeeren zusammen mit dem Esslöffel Mehl und, falls verwendet, die Schokoladentropfen direkt auf den Teig im Brotbehälter geben (darauf achten, dass sie nicht danebenfallen) und mit einem Spatel unter den Teig heben. Den Deckel schließen und das Programm fortsetzen. Den Backvorgang 15 Minuten vor Programmende stoppen. Die Brioche aus dem Brotbehälter nehmen und abkühlen lassen.

Brioche mit Lebkuchen

Programm »Süßes Brot«

FÜR 1 BRIOCHE FÜR 6 PERSONEN

130 ml Milch
1 EL Rum
2 verquirlte Eier
390 g Weißmehl (Type 550) oder Auszugsmehl (Type 405)
1 TL Instanthefe
1 TL Salz
60 g Butter in kleinen Stücken
2 EL Rohzucker
1 Päckchen Vanillezucker
50 g Lebkuchen, klein gewürfelt
Fm 1 = 130 ml · Fm 2 = 135 ml · Fm 3 = 140 ml

ZUBEREITUNG

Den Lebkuchen beim Signalton am Ende des Knetvorgangs hinzufügen. Den Backvorgang 15 Minuten vor Programmende stoppen. Die Brioche aus dem Brotbehälter nehmen und abkühlen lassen.

Briocheschnecken mit Nüssen

Programm »Kneten«, »Teig« oder »Pizzateig«

FÜR 1 BRIOCHE FÜR 6 PERSONEN

130 ml Milch
2 Eigelb
350 g Auszugsmehl (Type 405)
1 TL Instanthefe
1 TL Salz
60 g Butter in kleinen Stücken
2 Päckchen Vanillezucker
1 TL Zitronensaft
Fm 1 = 130 ml · Fm 2 = 140 ml · Fm 3 = 150 ml

FÜLLUNG

10 g Butter
1 EL Honig
50 g gemischte Nüsse (Haselnüsse, Pecannüsse, Cashewkerne), grob gehackt
einige Mandelblättchen
30 g Rosinen
10 g Rohzucker

ZUBEREITUNG

Für die Füllung Butter und Honig erhitzen. Nüsse, Rosinen und Zucker hinzufügen, beiseitestellen.
Den Teig zu einem Rechteck ausziehen. Die Füllung darauf verteilen und den Teig ziemlich straff aufrollen. Die Rolle in Scheiben schneiden und diese im auf 180 Grad vorgeheizten Ofen 20 Minuten backen. Nach dem Abkühlen mit Puderzucker bestäuben.

Mohnbrioche

Programm »Kneten«, »Teig« oder »Pizzateig«

FÜR 1 BRIOCHE FÜR 6 PERSONEN

120 ml Milch
1 verquirltes Ei
350 g Auszugsmehl (Type 405)
½ TL Instanthefe
1 TL Salz
50 g Butter
25 g Zucker
Fm 1 = 120 ml · Fm 2 = 130 ml · Fm 3 = 140 ml

FÜLLUNG

80 g Mohn
50 g gemahlene Mandeln
60 g Rosinen
50 g Butter
1 EL Honig
20 g kandierte Orangen- und Zitronenschale
1 abgeriebene Orangenschale
1 Prise Zimt

ZUBEREITUNG

Währenddem das Knetprogramm läuft, den Mohn mit heißem Wasser übergießen, dann abschütten und abtropfen lassen. Den Mohn zusammen mit den restlichen Zutaten in einen Topf geben, einige Minuten kochen, dann abkühlen lassen.
Den Teig bei Programmende aus dem Brotbehälter nehmen und zu einem Rechteck ausziehen. Die Füllung darauf verteilen und den Teig aufrollen. In einer Kastenform, mit einem bemehlten Tuch bedeckt, 30 Minuten gehen lassen. Die Brioche im auf 180 Grad vorgeheizten Ofen 30 Minuten backen. 3 Esslöffel Puderzucker und etwas Wasser zu einem Guss rühren und die fertig gebackene, abgekühlte Brioche damit bestreichen.

Vorhergehende Doppelseite: Briocheschnecken mit Nüssen, Mohnbrioche; gegenüberliegende Seite: Brioche mit Lebkuchen

Briochekranz mit Konditorcreme

Programm »Kneten«, »Teig« oder »Pizzateig«

FÜR 1 BRIOCHE FÜR 6 PERSONEN

30 ml Milch
1 verquirltes Ei
150 g Auszugsmehl (Type 405)
½ TL Salz
1 kleiner TL Instanthefe
60 g Butter
1 EL Zucker
Fm 1 = 30 ml · Fm 2 = 40 ml · Fm 3 = 50 ml

FÜLLUNG

1 Eigelb
20 g Zucker
10 g Mehl
20 g gemahlene Mandeln
100 ml Milch
30 g Schokoladentropfen

ZUBEREITUNG

Während das Programm abläuft, die Konditorcreme für die Füllung zubereiten: Dazu Eigelb und Zucker schlagen, bis die Mischung hell und schaumig ist. Dann Mehl und gemahlene Mandeln beifügen, die kochende Milch dazugießen und alles in einen Topf geben. Bei kleiner Hitze so lange rühren, bis die Creme andickt. Abkühlen lassen.
Den Teig bei Programmende aus dem Brotbehälter nehmen und zu einem Rechteck ausziehen. Mit der Creme bestreichen und mit den Schokoladentropfen bestreuen. Den Teig aufrollen und die Rolle der Länge nach durchschneiden. Die beiden Stränge umeinander schlingen, dabei darauf achten, dass die aufgeschnittene Seite mit der Creme immer oben bleibt. Zu einem Kranz formen und, vor Zugluft geschützt, 20 Minuten gehen lassen. Im auf 180 Grad vorgeheizten Ofen 25 Minuten backen. Etwas Zucker mit etwas Wasser schmelzen und den fertig gebackenen Kranz damit bestreichen.

VARIANTE

Sie können die Brioche auch mit einer anderen Creme füllen.

Rosinenbrot

Programm »Kneten«, »Teig« oder »Pizzateig«

FÜR 8 PERSONEN

130 ml Milch
1 verquirltes Ei
350 g Auszugsmehl (Type 405)
10 g Hefe
½ TL Salz
60 g Zucker
70 g Butter, leicht zerlassen
100 g Rosinen
Fm 1 = 130 ml · Fm 2 = 140 ml · Fm 3 = 150 ml

ZUBEREITUNG

Die Butter während des Knetvorgangs hinzufügen. Die Rosinen beim Signalton am Ende des Knetvorgangs beigeben. Den Teig bei Programmende aus dem Brotbehälter nehmen, durchkneten und über Nacht im Kühlschrank ruhen lassen. Am nächsten Tag aus dem Teig 8 Kugeln formen und diese dicht nebeneinander in eine Kastenform geben. Bei Raumtemperatur 1 Stunde aufgehen lassen. Die Oberfläche mit Eigelb bestreichen und das Rosinenbrot im auf 180 Grad vorgeheizten Ofen 30 Minuten backen.

Stollen

Programm »Kneten«, »Teig« oder »Pizzateig«

FÜR 6 PERSONEN

100 ml Milch
1 verquirltes Ei
380 g Auszugsmehl (Type 405)
1 TL Instanthefe
½ TL Salz
100 g Butter
70 g Zucker
100 g Rosinen, in Rum eingeweicht
50 g Mandeln
25 g Haselnüsse
20 g getrocknete Aprikosen
je 25 g kandierte Orange und Zitrone
20 g Butter, zerlassen
Puderzucker zum Bestreuen
Fm 1 = 100 ml · Fm 2 = 110 ml · Fm 3 = 120 ml

ZUBEREITUNG

Rosinen, Nüsse und Trockenfrüchte beim Signalton am Ende des Knetvorgangs hinzufügen. Den Teig bei Programmende aus dem Brotbehälter nehmen und ein langes Brot formen (siehe Seite 16). Dieses 1 Stunde in einem Brotkorb oder auf einem Blech gehen lassen. Anschließend den Stollen im auf 180 Grad vorgeheizten Ofen 40 Minuten backen. Den fertig gebackenen Stollen mit der zerlassenen Butter bestreichen und dick mit Puderzucker bestreuen.

Zuckerkuchen aus der Franche-Comté

Programm »Kneten«, »Teig« oder »Pizzateig«

FÜR 6 PERSONEN

30 ml Milch und 1 EL Rum
1 verquirltes Ei
250 g Auszugsmehl (Type 405)
1 kleiner TL Instanthefe
1 kleiner TL Salz
70 g Butter
1 EL Zucker
1 TL Zitronensaft
Fm 1 = 30 ml · Fm 2 = 40 ml · Fm 3 = 50 ml

BELAG

1 verquirltes Ei
25 ml Crème fraîche
2 EL Zucker
1 EL Orangenblütenwasser
20 g Butter

ZUBEREITUNG

Den Teig bei Programmende aus dem Brotbehälter nehmen und eine bemehlte runde Form damit auslegen. Den Teig mit Zucker bestreuen. Ei, Crème fraîche und Orangenblütenwasser verrühren. Den Teig damit bestreichen und mit Butterflöckchen bestreuen. Den Kuchen im auf 180 Grad vorgeheizten Ofen 20 Minuten backen. Aus der Form nehmen und abkühlen lassen.

VARIANTE

Ersetzen Sie den weißen Zucker durch Rohzucker oder durch braunen Rübenzucker. So bekommt der Kuchen einen noch charakteristischeren Geschmack.

Vorhergehende Doppelseite: Rosinenbrot, Stollen; gegenüberliegende Seite: Zuckerkuchen aus der Franche-Comté

Cathy Ytak

Romanautorin, Übersetzerin und leidenschaftliche Köchin, backt ihr Brot schon seit langem selbst. Ihre Vorliebe gilt besonders den unverfälschten und schlichten Genüssen, beispielsweise eben einem guten Brot.

Die Originalausgabe dieses Buches ist unter dem Titel »Le comptoir des pains« 2007 bei Marabout/Hachette, Paris, erschienen.

Aus dem Französischen übersetzt von Barbara Buchwalter und Claudia Mousson-Lestang.

Für die deutschsprachige Ausgabe:

AT Verlag, Baden und München
Rezepte: Cathy Ytak
Fotos: David Japy
Buchgestaltung und Fotobacken: Delphine Brunet
Druck: Graficas Estella, Spanien
Printed in Spain

ISBN 978-3-03800-391-5

Rezeptverzeichnis

ANHANG